John Coleman

LA DINASTIA ROTHSCHILD

℮MNIA VERITAS®

John Coleman

John Coleman è un autore britannico ed ex membro dei servizi segreti. Coleman ha prodotto diverse analisi del Club di Roma, della Fondazione Giorgio Cini, della Forbes Global 2000, del Colloquio interreligioso per la pace, dell'Istituto Tavistock, della Nobiltà Nera e di altre organizzazioni vicine al tema del Nuovo Ordine Mondiale.

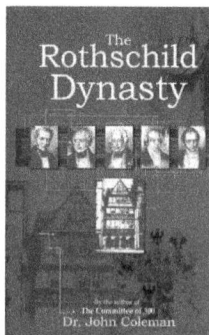

La dinastia Rothschild

The Rothschild Dynasty

Tradotto dall'inglese e pubblicato da Omnia Veritas Limited

© Omnia Veritas Ltd-2022

OMNIA VERITAS®

www.omnia-veritas.com

John Coleman, autore di *Storia del Comitato dei 300*, racconta la storia di come Mayer Amschel, il fondatore della dinastia dello "Scudo Rosso", ha acquisito la sua prima fortuna. Questo è ben lontano dai miti e dalle leggende che ancora circondano l'uomo che iniziò come mercante di stracci e di pegni, lavorando in una piccola casa nella Judenstrasse di Francoforte sul Meno, in Germania, dove viveva con la moglie e la famiglia.

Gli eventi storici sono spesso causati da una "mano nascosta" che tira i fili di re, principi e potentati da dietro le quinte. Questo fenomeno viene spiegato e le leggende che sono cresciute intorno ai Rothschild vengono analizzate in questo libro, che rivela anche come gli intrighi dei Rothschild abbiano fatto cadere uomini come Napoleone e lo zar Alessandro II di Russia.

La leggenda vuole che il "genio e le capacità finanziarie" di Mayer Amschel Rothschild siano state ereditate dai suoi figli, ma la verità è ben diversa, come chiarisce il dottor Coleman in questo resoconto ben studiato che va ben oltre le più note leggende che nascondono il vero carattere della famosa famiglia.

È affascinante leggere della fortuna di Mayer Amschel Rothschild e dei passi compiuti per fare della sua famiglia i "sovrani virtuali di tutta Europa".

Questo libro eccezionale non parla solo del passato, ma anche del presente e del futuro. Aiuterà a spiegare molti eventi che lasciano perplessa la gente comune, come la guerra in Iraq e le minacce di guerra contro l'Iran.

PREMESSA

L a famiglia Rothschild, originariamente composta dal padre e dai suoi cinque figli, è davvero una storia di opportunità, di una spinta decisa a fare grandi guadagni e a entrare nel mondo aristocratico che non li voleva. Alcuni potrebbero considerare una sfacciataggine parlare dell'immensa fortuna caduta nelle mani e nel controllo di Mayer Amschel Rothschild come di un'"opportunità", mentre altri la considerano niente meno che un'appropriazione indebita dei fondi affidati alle sue cure, difficilmente un'"opportunità" nel senso generalmente accettato del termine.

Tuttavia, per Mayer Amschel fu una manna che gli permise di abbandonare una vita fatta di prestiti su pegno e vendita di oggetti usati e di entrare nelle più alte sfere del potere, un risultato notevole se si considera la storia dell'epoca, durante la quale gli ebrei erano soggetti a molte leggi civili volte a formare una barriera permanente tra loro e gli abitanti dei principati e delle nazioni in cui vivevano. La distinzione di classe era un altro grande ostacolo, che avrebbe scoraggiato anche un non ebreo che non faceva parte dell'aristocrazia dominante.

La mobilità di classe non esisteva e la separazione era dura e rigorosa, soprattutto a Francoforte sul Meno, in Germania, dove la dinastia Rothschild iniziò la sua straordinaria storia. Mayer Amschel Rothschild aveva un'istruzione formale scarsa o nulla; la sua famiglia non aveva un motto, ma ciò che aveva era la tenacia e una forte fede nella sua religione. Veniva da una casa borghese, una casa "straniera" nel ghetto di Francoforte.

Grazie all'intraprendenza e a quella che alcuni critici poco gentili hanno definito "un'astuzia innata", Mayer Amschel Rothschild riuscì a penetrare nell'inebriante mondo delle famiglie aristocratiche che lo evitavano o addirittura lo disprezzavano. Se non avesse avuto la "fortuna" (o la "sfortuna", a seconda del lato della barricata in cui ci si trova) di incontrare il Langravio d'Assia, Mayer Amschel Rothschild sarebbe rimasto per il resto della sua vita un oscuro venditore di pegni e straccivendoli. Non aveva bisogno di identificarsi come ebreo, un'ascendenza di cui era orgoglioso, e Mayer Amschel non ha mai cercato di nascondere la sua origine. Al contrario, ne era orgoglioso, anche di fronte all'implacabile opposizione agli ebrei di Francoforte, che si estendeva a tutte le nazioni d'Europa.

L'Inghilterra, la più "civilizzata" delle nazioni europee, come la storia vuole farci credere, fu particolarmente feroce nella sua opposizione agli ebrei. Persino le sue figure di spicco, uomini istruiti, non esitavano a riferirsi agli ebrei con i termini più poco lusinghieri.

Ad esempio, Lord Gladstone si riferiva spesso a Disraeli, il "valletto" dei Rothschild, come "quel disgustoso ebreo", secondo il biografo di Gladstone, Edward Freeman. Il vescovo Wilberforce definì Disraeli "ebreo orientale" in modo poco lusinghiero.

Bismarck lo chiamò "il prestigiatore ebraico" e Carlyle lo definì "un piccolo ebreo assurdo".

Cito questi esempi per mostrare le notevoli difficoltà incontrate anche dagli ebrei più istruiti che aspiravano al potere nel mondo degli affari e della finanza nei secoli XVIIIe e XIXe. Alcuni storici e scrittori sostengono che i Rothschild abbiano inventato la loro storia e i loro successi per ottenere il potere. La loro presenza irresistibile ha fatto una grande differenza nella storia e si può dire che non c'è evento importante nella vita politica ed economica delle nazioni europee che non abbia coinvolto in qualche modo i Rothschild, anche se in maniera profondamente nascosta.

Nella mente di molti, i Rothschild saranno sempre associati a un'immensa ricchezza, ma è il potere che questa ricchezza comporta che non è riconosciuto come dovrebbe. In effetti, i Rothschild non hanno cercato di acquisire immense ricchezze semplicemente per poter vivere una vita confortevole. Cercavano la ricchezza per ciò che avrebbe portato loro in termini di controllo delle principali forze politiche di tutte le nazioni, attraverso le quali esercitavano il controllo su quelle stesse nazioni, che si estende fino ai giorni nostri. I Rothschild non vivevano nel vuoto, ma al contrario influenzavano milioni di vite. A Lionel Rothschild piaceva pensare di essere unico, e forse lo era. È vero che, come i suoi fratelli, era eccezionalmente ricco, ma la sua ricchezza non fu mai resa pubblica. Una cosa non è vera: i Rothschild non hanno fatto fortuna con l'inflazione delle valute delle nazioni in cui vivevano. Non ci sono veri e propri indicatori che ci guidino nel vero carattere della famiglia Rothschild e in ciò che li ha spinti all'ossessione per il denaro e all'insaziabile appetito per il potere.

Il più delle volte dobbiamo indovinare cosa passava per la testa di questa potente famiglia, decisa a diventare i sovrani occulti dell'Europa e della Gran Bretagna, se non del mondo intero. Non che fossero aiutati da un bell'aspetto o da un modo di parlare piacevole, attributi naturali della razza irlandese. Al contrario, erano, a detta di tutti, di brutta carnagione e con un comportamento piuttosto rozzo. Meyer Amschel parlava in yiddish gutturale di Francoforte, un misto di polacco e tedesco con espressioni tratte dalla lingua ebraica.

L'educazione che diede ai suoi figli non andò oltre la scuola rudimentale della sinagoga che frequentavano. L'intellettualismo era comunque vietato agli ebrei di Francoforte, che non potevano partecipare all'Illuminismo che stava investendo l'Europa.

Mayer Amschel rimase fedele alle istruzioni del Talmud e onorò tutte le sue tradizioni, chiedendo ai suoi figli di fare lo stesso. Non ha cambiato il suo stile di vita una volta raggiunte fama e fortuna. I vestiti che lui e i suoi figli indossavano erano spesso consumati fino all'osso.

In molte carte e documenti del British Museum si trovano riferimenti molto denigratori a questo fatto, alcuni dei quali sono molto dispregiativi. In un resoconto, Cherep-Spiridovich afferma che Mayer Amschel non si cambiava mai la biancheria intima e indossava gli stessi vestiti "finché non gli cadevano di dosso". Scrittori come John Reeves, Demachy e Spiridovich concludono, con le parole di quest'ultimo, che nella

> "Le fasi politiche di questa sinistra e fatale famiglia potrebbero essere attribuite ad almeno la metà di tutti gli spargimenti di sangue e le calamità che hanno colpito le nazioni dal 1770.

Altri, come il direttore del *Chicago Tribune*, che sapeva che stava succedendo qualcosa ma non riusciva a dargli un nome, scrissero il 22 luglio 1922:

> I nostri statisti sono bambini rispetto ai loro. Ci viene ripetutamente offerto un posto di rilievo negli affari mondiali. Ci viene sbattuto in faccia e per pura stupidità lo rifiutiamo.

La domanda è: "L'abbiamo rifiutata o qualche forza nascosta ci ha impedito di prendere l'iniziativa? "Nietzsche, il filosofo tedesco, nella sua opera *L'alba ha* scritto:

> Uno degli spettacoli a cui il prossimo secolo ci inviterà ad assistere è la decisione sul destino degli ebrei. È evidente che hanno gettato i dadi e attraversato il Rubicone; non hanno altra scelta che diventare i padroni dell'Europa o perdere l'Europa, come hanno perso l'Egitto, dove si sono trovati di fronte ad alternative simili... L'Europa potrebbe un giorno cadere nelle loro mani come un frutto maturo, se non la coglieranno troppo in fretta.

Chi ha fatto ricerche su Nietzsche dice che si riferiva ai Rothschild, ma non sono riuscito a trovare alcuna prova a sostegno di questa affermazione, anche se sembra corrispondere al modello di questa famosa famiglia.

Molti dei loro segreti sono rimasti completamente nascosti e potrebbero non essere mai rivelati. La profondità di questi segreti è rivelata dalle parole dello statista francese Lamartine:

> Vogliamo rompere tutti i gioghi, ma ce n'è uno che non si vede e che pesa su di noi. Da dove viene? Dove si trova? Nessuno lo

sa, o almeno nessuno lo dice. L'associazione è segreta anche per noi, veterani delle società segrete.

Il ministro degli Esteri francese, G. Hanotoux, scrisse nel 1878 che questa mano nascosta era una

"forza misteriosa che governa la politica e confonde la diplomazia".

Molti di questi misteri furono completamente svelati da Disraeli nel suo romanzo *Coningsby*, che era un resoconto poco velato delle attività dei Rothschild. Disraeli dovette mascherare molti fatti come finzione, per evitare che l'ira degli uomini esplodesse di fronte alle rivelazioni che conteneva. "Sidonia" era senza dubbio Lionel Rothschild e *Coningsby* non è altro che un racconto romanzato delle sue azioni:

All'età di diciannove anni, Sidonie, che viveva con lo zio a Napoli, fece una lunga visita a un'altra delle famiglie paterne a Francoforte. Tra Parigi e Napoli, Sidonie trascorse due anni. Era impossibile penetrare in lui. La sua franchezza era strettamente limitata alla superficie. Osservava tutto, anche se con troppa cautela, ma evitava le discussioni serie. Era un uomo senza affetto.

Karl Rothschild viveva a Napoli e Mayer Amschel a Francoforte, quindi non è difficile concludere che "Sidonia" fosse Lionel Rothschild, e così otteniamo da *Coningsby* uno dei migliori e più accurati resoconti dettagliati dei Rothschild e della loro ascesa al potere assoluto che detengono oggi.

Nota esplicativa

Si noti che le fonti e i riferimenti sono citati nel testo. Ho pensato che questo avrebbe reso più facile la consultazione ed evitato di dover cercare in un elenco separato di note, con una perdita di continuità.

Ho seguito il metodo e lo stile di diversi autori vittoriani che hanno trovato il modo migliore per portare avanti la storia senza doversi fermare per consultare e trovare una fonte particolare. Spero che anche voi troviate questo metodo più facile da seguire rispetto a quello tradizionale.

Un altro punto importante: voglio chiarire che questo libro non deve e non può essere interpretato come "antiebraico" o "antisemita". Non è né l'uno né l'altro. Si tratta piuttosto del racconto di una famiglia che si è rivelata ebrea e non l'ha mai nascosto. Scrivere diversamente sarebbe come cercare di scrivere un resoconto del re zulu Chaka, senza dire che Chaka era un re nero africano.

CAPITOLO 1

Come un mercante di stracci è diventato uno degli uomini più ricchi del mondo

C'è probabilmente nessun nome nel mondo bancario internazionale che sia così noto come quello dei Rothschild, eppure si sa così poco della vera storia di questa famiglia. Ci sono molte leggende, miti e racconti fantasiosi, ma poco sul vero carattere di questa famiglia, che ha cambiato il corso della storia, che ha comprato e venduto statisti, re, duchi e vescovi, come se fossero semplici merci, da gettare come scarpe logore e vestiti vecchi quando hanno raggiunto il loro scopo. Si dice che questa famiglia abbia portato rivoluzioni, guerre e sconvolgimenti che hanno cambiato per sempre il volto dell'Europa, dell'Estremo Oriente e degli Stati Uniti. Lo scopo di questo libro è esplorare la storia dei Rothschild e comprendere i loro piani per il mondo. I Rothschild sono ebrei, un fatto che non hanno mai cercato di nascondere o minimizzare.

Nel corso della storia, dall'India a Babilonia all'antica Palestina, le questioni di denaro sono sempre state principalmente di competenza degli ebrei. Nei mercati monetari di Francoforte, Londra, New York e Hong Kong predominavano i finanzieri ebrei.

Nel 1917 erano diffusi in tutto il mondo. Nelle borse di Londra, Parigi e New York, i broker ebrei erano la spina dorsale del business. Il movimento di metalli preziosi, diamanti e valute nel mondo è sempre stato sotto il controllo ebraico. Citiamo questi fatti come fatti in sé e non per dedurne qualcosa di negativo. Gli stessi ebrei lo ammettono. Quando la Gran Bretagna si preparò ad entrare in guerra con la Germania nel 1910, i finanzieri ebrei internazionali erano dislocati in posti chiave, - e a capo della finanza internazionale in tutto il mondo c'erano i Rothschild e le loro case bancarie associate. In Francia erano Rothschild, Fould, Camondo, Pereira e Bischoffheim; in Germania, Rothschild, Warschauer, Mendelssohn, Bleichroder; in Inghilterra, Sassoon, Stern, Rothschild e Montague; in Estremo Oriente, Sassoon; in Russia, Gunzburg; negli Stati Uniti, J.P. Morgan, Kuhn Loeb and Co., Seligman and Co.

Soprattutto, la Casa Rothschild li oscurava e li metteva in ombra. I critici dei Rothschild sostengono che Morgan e Kuhn Loeb erano solo dei prestanome dei Rothschild e che tutte le famose banche erano affiliate alle banche dei Rothschild.

Queste banche hanno superato molte tempeste grazie al loro approccio prudente alla speculazione e ai loro stretti legami fraterni e di parentela con i Rothschild e tra di loro. Il fondatore della Casa Rothschild fu Mayer Anselm Bauer (Rothschild), figlio di Anselm Moses Bauer, commerciante di Francoforte. Il padre vendeva beni nuovi e usati, nonché monete antiche, e impegnava sotto il segno di uno scudo rosso, da cui il nome Rothschild, che in tedesco significa scudo rosso. Rothschild divenne il loro nome di famiglia adottato e ufficiale. L'attività era situata in Judenstrasse, letteralmente "la strada degli ebrei", in un ghetto di Francoforte che contava circa 550 famiglie.

Mayer Amschel (Rothschild) è nato nel 1743. La famiglia si era stabilita a Francoforte da generazioni. In effetti, il British Museum possiede un documento che indica che la famiglia risale all'inizio del 16 secolo. Nel 18 secolo erano un gruppo consistente.

Ho identificato venti antecedenti di Mayer Amschel, il maggiore di tre figli i cui genitori erano attivi nel commercio dell'argento, sia in acquisto che in vendita, al quale partecipò fin dall'età di dieci anni. Questo piccolo commercio era in realtà un tipo di scambio di denaro con l'estero , perché all'epoca la Germania era composta da 350 principati, ognuno con la propria moneta.

A quanto pare, era loro vietato esercitare le professioni aperte a tutti i non ebrei a Francoforte. Non c'è dubbio che gli ebrei fossero soggetti a tutti i tipi di restrizioni, alcune delle quali piuttosto ingiuste. La casa di famiglia era una capanna di legno in stile gotico dove Mayer Amschel visse con il padre, la madre e i tre fratelli fino al 1775, quando una massiccia epidemia di vaiolo attraversò l'Europa, uccidendo entrambi i genitori di Mayer. I genitori di Mayer lo iscrivono alla scuola rabbinica di Furth. Ma non aveva né la pazienza né l'inclinazione per i lunghi anni di studio necessari per ottenere un diploma, e dopo tre anni a Furth, all'età di tredici anni, Mayer Amschel si mise in proprio.

Si può solo ammirare il coraggio che deve aver avuto un uomo così giovane per compiere un passo del genere. Durante il viaggio verso Hannover, il giovane ottenne un piccolo e insignificante lavoro di "carità" nella banca Oppenheimer, dove sei mesi dopo il suo arrivo divenne apprendista. Non gli ci volle molto per concludere che per avere successo nel settore bancario occorreva la protezione di uno dei principi più importanti. Dopo sei anni lasciò Hannover e tornò a Francoforte, dove sposò Gudule Schnapper nel 1770.

Mayer e Gudule (Gutta) occupavano il primo piano sopra un negozio dal quale Mayer comprava e vendeva beni nuovi e usati, come aveva fatto suo padre prima di lui. Molti oggetti, come dipinti e mobili, sono stati esposti sul marciapiede. Questa era la casa, il punto di partenza dei "baroni bancari", che avrebbero controllato le finanze del mondo e i grandi leader, statisti e re. Gudule diede a Mayer cinque figli. Le discussioni con i suoi cinque figli si svolgevano sempre attorno a un "tavolo di legno sporco", come descritto da Spiridovich in *Unrevealed in History*, dove la famiglia si riuniva per i pasti e le discussioni.

La divisione del mondo finanziario tra i figli era uno degli argomenti di discussione preferiti. Il padre parlò dei quattro nipoti di Carlo Magno, di come gli imperatori romani avevano governato il mondo e della sua visione dei figli. Le sue cinque figlie non sono mai state incluse in queste discussioni.

Carlo il Grande (Carlo Magno) (771-814) era un tipico tedesco, alto più di un metro e ottanta, un superbo atleta che parlava greco e latino. Fu re dei Franchi e divenne imperatore di Roma dall'800 all'814 a.c.. Tuttavia, nonostante la sua venerazione per Carlo Magno, Mayer Amschel nutriva un odio violento per tutto ciò che era "romano", che in seguito descrisse come "il grande nemico del bolscevismo", secondo quanto riportato da Sir Alfred Mond in *World Battle of the Jews*. Samuel Gompers, scrivendo sul *Chicago Tribune* del 1er maggio 1922, disse del bolscevismo, in riferimento a Mayer Amschel:

> Nulla costituirebbe un tradimento della civiltà più inutile e vile del riconoscimento della tirannia bolscevica. La politica dei banchieri tedeschi e anglo-americani è l'elemento più pericoloso dell'intera catena di sforzi bolscevichi. I fondi dei bolscevichi ammontavano a milioni di dollari.

L'odio di Mayer Amschel per il mondo romano potrebbe derivare dal fatto che, dal 1762, Francoforte sul Meno era la città dell'elezione e dell'incoronazione dei Sacri Romani Imperatori, che Mayer Amschel odiava, sapendo che la Chiesa cattolica era un nemico implacabile dei bolscevichi. Alcuni storici sostengono che il suo odio fosse rivolto alla Russia, in quanto era la più grande nazione cristiana d'Europa e sotto diversi suoi leader gli ebrei avevano subito molte privazioni e persecuzioni.

Intorno al tavolo, Mayer avvertiva i suoi figli di mantenere le loro ricchezze all'interno della famiglia e di non sposarsi mai al di fuori di essa. Spiegò la legge ebraica del "neshek", che letteralmente significa "un morso", il termine usato per indicare l'interesse, e "come doveva essere applicato al di fuori degli ebrei, e non a loro". La segretezza era fondamentale: nessuno al di fuori della famiglia doveva mai sapere quanto denaro possedevano. Secondo lo scrittore John Reeves che, nel suo libro *The Rothschild: Financial Rulers of Nations*, cita MacGregor, autore di *The Kahbalaha Unmasked*:

> I cinque figli iniziarono a fare affari in cinque capitali europee, ma agirono di concerto tra loro. Gli affari dei Rothschild dal 1812 sono stati così immensi e i legami che hanno unito i vari membri della famiglia così stretti, che scioglierli sembra quasi impossibile. Il successo ottenuto dal fondatore era dovuto allo stato travagliato del mondo. Mayer Amschel era figlio della

fortuna come Napoleone.

Mayer Amschel ebbe cinque figli e cinque figlie:

Anselme Mayer, nato nel 1773, ha sposato Eva Hannau.

Salomon Mayer, nato nel 1774, ha sposato Caroline Stern.

Nathan Mayer, nato nel 1777, ha sposato Hannah Levi Barnet Cohen nel 1806.

Karl, nato nel 1788, sposò Adelaide Herz

Jacob (James), nato nel 1792, sposò la nipote Betty, figlia del fratello Salomon. Anselmo, suo figlio maggiore, ricevette l'onore di diventare membro del Consiglio reale prussiano del commercio, console bavarese e banchiere di corte.

Questo può sembrare irrilevante oggi, dove non esistono distinzioni di classe, ma il rigido sistema di caste dell'epoca rendeva impossibile per un "comune" ricoprire tali cariche, che erano sempre riservate a famiglie con titoli nobiliari, e gli ebrei erano espressamente esclusi da tali alte cariche . Salomon Mayer riuscì a entrare nella cerchia più ristretta del principe Metternich, il sovrano virtuale dell'Austria.

Le cinque ragazze non ricevettero alcuna quota dell'azienda e non ebbero voce in capitolo nella sua gestione, venendo di fatto totalmente escluse. Nella maggior parte dei casi si trattava di "matrimoni combinati".

Secondo l'autore John Reeves:

> I movimenti dei Rothschild sono attentamente monitorati e sono importanti per l'opinione pubblica quanto quelli di qualsiasi ministro. A un ricercatore entusiasta è stato detto che era impossibile nominare tutti i membri della famiglia, poiché non esisteva un pedigree (I sovrani finanziari Rothschild).

Secondo il racconto del Maggiore Generale Conte Cherep-Spiridovich in *The Unrevealed in History* e i documenti del British Museum di Londra, Mayer Amschel lesse un passo del Talmud sul letto di morte e poi obbligò i suoi figli a fare un giuramento solenne che sarebbero rimasti sempre uniti e non avrebbero mai intrapreso nulla separatamente.

CAPITOLO 2

Mayer Amschel e cinque dei suoi figli hanno fortuna

Mentre si trova alla Oppenheimer Bank, Amschel ha l'insolita opportunità di incontrare il Tenente Generale Barone von Estorff, un aristocratico con stretti legami con il Langravio d'Assia-Cassell, una famiglia estremamente importante la cui ascendenza risale a centinaia di anni fa.

In *The Rothschild Money Trust* di Armstrong, si afferma che il langravio era Guglielmo IX:

> "Divenne prestatore di denaro e agente di Guglielmo IX, langravio d'Assia-Cassel".

Il conte Cherep-Spiridovich, storico, soldato e scrittore altamente decorato, lo descrive semplicemente come

> "Amschel divenne amministratore del Langravio d'Assia-Cassel.

Si dice che Mayer abbia reso alcuni servizi a von Estorff a spese della banca di Oppenheim, di cui al momento non si conoscono i dettagli esatti.

Secondo le mie ricerche al British Museum, l'approccio è avvenuto per la prima volta attraverso il consulente finanziario di Guglielmo, un certo Karl Budurus:

> "Con i Rothschild, simili nelle loro ambizioni, formidabilmente tenaci, pazienti e riservati, ebbero un incontro intellettualmente proficuo e decisero di stipulare un accordo di mutuo soccorso.

I dettagli del piano che hanno sviluppato non sono mai stati rivelati. Tuttavia, l'*Enciclopedia Ebraica* del 1905 e del 1909 Vo. X, pagina 499, fa luce su questo argomento:

> Infine, egli (Amschel) divenne l'agente di Guglielmo IX, Langravio d'Assia-Cassel, che, alla morte del padre, ereditò la più grande fortuna privata d'Europa (stimata in 40.000.000 di dollari), principalmente grazie all'assunzione di truppe dal governo britannico per reprimere la rivoluzione negli Stati Uniti...
>
> Dopo la battaglia del giugno 1806, il Langravio fuggì in Danimarca, lasciando 600.000 sterline (circa 3.000.000 di dollari) in custodia a Mayer Rothschild. Secondo la leggenda, questo denaro era nascosto in botti di vino e sfuggì alle ricerche dei soldati napoleonici quando entrarono a Francoforte, per essere restituito intatto all'elettorato.
>
> I fatti sono meno romantici e più professionali.

I documenti che ho esaminato dimostrano che l'"Elettore", come veniva chiamato, non si faceva molti scrupoli sull'origine del denaro che entrava nelle sue casse. I mercenari dell'Assia erano il suo mestiere, assoldati a chi aveva più soldi per pagarli.

Gli Assia avevano redatto il loro contratto con il sovrano, in cui si stabiliva chiaramente che il Principe avrebbe ricevuto un grosso anticipo all'inizio delle operazioni militari per le quali erano stati ingaggiati. Dopo di che, doveva essere previsto un pagamento aggiuntivo per i soldati, un extra per i feriti e il triplo in caso di morte in battaglia. Questa somma doveva essere versata ai mercenari o ai loro dipendenti e non al Principe. Inoltre, il contratto di ingaggio non scadeva quando veniva dichiarata la pace, ma solo un anno intero dopo la pace e solo quando i mercenari erano tornati a casa.

Il governo britannico era il cliente più importante e "assumeva" ogni anno circa 15.000-17.000 Assia. Sebbene non vi siano prove dirette che Amschel e Budurus siano stati gli autori del seguente schema, sembra molto probabile che lo siano stati. Invece di inviare la somma forfettaria e i pagamenti a Kassel, residenza del principe, il denaro fu conservato in Inghilterra dove fu investito. Gli interessi (negoziati da Amschel) furono pagati al Langravio sotto forma di cambiali. La parte di denaro effettivamente trasferita a Kassel fu poi utilizzata per concedere prestiti ad alto tasso di interesse ad altri principi in difficoltà. Ciò determinò un enorme flusso di fondi in entrata e in uscita da Kassel, con ingenti entrate per il Langravio, che unì le forze con la famiglia Von Turn e Taxis, che deteneva il monopolio postale per tutta l'Europa. I mercenari, che avevano fatto di più per guadagnare il denaro, non hanno ricevuto altro che le somme promesse, poiché non erano a conoscenza dell'accordo "privato" fatto alle loro spalle.

I principi di Von Thurn e Taxis (membri del Comitato dei 300) erano felici di avere una parte del bottino in cambio di agire come agenti di intelligence per il Langravio e, in seguito, per i Rothschild. A tal fine, aprivano la posta importante secondo le istruzioni, ne leggevano il contenuto e informavano il Langravio di ciò che avevano visto, e su suo ordine acceleravano o ritardavano la consegna delle lettere a vantaggio del Langravio e di Mayer Amschel - e a scapito dei loro debitori.

(Per maggiori dettagli sulla famiglia Von Thurn e Taxis, consultare *La gerarchia dei cospiratori, Il Comitato dei 300*)[1].

Questi fatti sono davvero molto lontani dalle nozioni romantiche su come Amschel ha iniziato la sua carriera, e sono rivelati in modo più completo rispetto a quanto pubblicato in precedenza. I critici affermano che i fatti sono ben lontani da quelli suggeriti dall'Enciclopedia. Cherep-Spiridovich afferma senza mezzi termini che il denaro non è stato restituito al Langravio ed è stato in realtà rubato da Amschel. In *The Rothschild Money Trust*, l'autore Armstrong afferma:

> I fatti sono piuttosto "meno romantici". Mayer Amschel Rothschild ha sottratto il denaro. Questo denaro è stato contaminato fin dall'inizio. Il governo britannico pagò il Landgrave per il servizio dei suoi soldati , utilizzato per

---

[1] Pubblicato da Omnia Veritas Ltd, www.omnia-veritas.com.

reprimere la Rivoluzione americana, e i soldati ne avevano moralmente diritto. Il denaro è stato sottratto prima da Guglielmo d'Assia e poi da Mayer Amschel. Questo denaro rubato due volte è alla base dell'immensa fortuna dei Rothschild. Da allora è rimasto fedele alla sua origine. Non c'è un solo dollaro guadagnato onestamente nelle centinaia di miliardi che la famiglia Rothschild possiede oggi. Invece di investire il denaro in botti di vino, Mayer Amschel Rothschild inviò l'intera somma al figlio Nathan a Londra, dove fondò il ramo londinese della famiglia.

Questo è molto probabilmente il denaro che Nathan utilizzò per aprire la N.M. Rothschild and Sons, la banca di famiglia.

Armstrong ha continuato:

Per i suoi servizi, Amschel viene nominato Agente della Corona Imperiale, un titolo che gli consente di viaggiare liberamente senza ostacoli. La sua "partnership" con i principi di Von Thurn e Taxis gli fornì informazioni preziose, che gli diedero un vantaggio su tutti i prestatori concorrenti. Nathan Rothschild fece un investimento di 800.000.000 di oro (in valore, non in peso) dalla Compagnia delle Indie Orientali, sapendo che sarebbe stato necessario per la campagna di Wellington nella penisola.

Ha realizzato non meno di quattro profitti:

1. Sulla vendita della carta di Wellington, acquistata per 50 centesimi di dollaro e riscossa alla pari.

2. Sulla vendita di oro a Wellington.

3. Sulla sua redenzione.

4. Trasmettendolo al Portogallo.

Fu l'inizio di una grande fortuna. Il modo in cui un impiegato di banca ancora relativamente oscuro è riuscito a superare le barriere sociali che lo separavano dalla classe aristocratica è un caso di studio notevole.

Secondo i documenti del British Museum :

... Il principe era molto avido e avarissimo e non si curava dei mezzi con cui veniva accresciuta la sua fortuna, che gli era stata lasciata in eredità dal padre, Guglielmo VIII (fratello del re di Svezia). Federico, avendo sentito parlare da von Estorff dell'astuzia e della spregiudicatezza di Amschel, si interessò a trovare un "uomo di paglia" per i suoi dubbi acquisti.

Amschel nascose la sua relazione con Federico II dietro una facciata modesta, ma non c'è dubbio che usò la sua influenza con l'anziano Langravio per fare milioni e ottenere vantaggi politici. Divenne agente del Langravio d'Assia e il primo prestito governativo che organizzò fu nel 1802, quando il governo danese prese in prestito dieci milioni di talleri.

Anche se all'epoca non era noto, il denaro proveniva dall'enorme patrimonio della famiglia del Langravio.

Per accattivarsi il favore del pubblico, Amschel dichiarò che avrebbe dato la sua parte di profitti a Federico II, ma non lo fece mai. Da quel momento in poi, il destino dei Rothschild sarebbe diventato una delle più sorprendenti storie di successo nella storia della finanza e del credito.

Suo figlio, Guglielmo IX, succedette a Federico II e divenne Elettore Guglielmo Ier nel 1785. All'epoca, Amschel era stato una sorta di "ministro delle finanze" del defunto Federico II e conosceva tutti i segreti della famiglia.

I due vanno subito d'accordo. Entrambi sono nati nel 1743. Amschel nascose la sua vera ricchezza all'Elettore Guglielmo Ier, indossando sempre gli stessi abiti e fingendosi povero. Dal momento in cui divenne il gestore del patrimonio dell'Elettore Guglielmo^{er}, la fortuna di Amschel aumentò mentre quella del suo datore di lavoro diminuiva. Nel 1794 si verificò un evento che indusse l'Elettore Guglielmo Ier a fuggire: la presa di Coblenza da parte del generale francese Hoche.

Temendo che le sue pratiche corrotte venissero smascherate (in realtà i piani di Amschel, l'uomo di paglia) dall'occupazione, l'Elettore Guglielmo Ier fuggì, avendo ceduto il controllo ad Amschel.

Questa è la vera storia di come i Rothschild hanno ottenuto i loro soldi. Non si è trattato di un'operazione di pegno, di un'abile speculazione o di altre favole ampiamente accettate che sembrano così romantiche.

Il genio dei figli va attribuito alla fortuna del langravio d'Assia e non al fantasioso "genio" dei cinque fratelli! Si trattava di un caso di "furto per conversione", puro e semplice.

Mayer morì a Francoforte il 12 dicembre 1812, lasciando la sua eredità a cinque figli maschi e una somma minore alle cinque figlie femmine.

CAPITOLO 3

I Rothschild entrano nell'alta società europea

Il modo in cui Mayer ha lasciato la maggior parte del suo denaro ai cinque figli, e molto meno alle figlie, è un segno del modo in cui lui e i suoi antenati vedevano le donne come l'anello debole della catena.

Le donne dovevano essere utilizzate per matrimoni combinati all'interno della famiglia, per gli affari. In altre parole, i matrimoni dovevano essere organizzati per ottenere vantaggi commerciali.

L'idea di "uguaglianza" tra uomini e donne non esisteva nella mente di Mayer. La moderna campagna guidata dai socialisti per la parità di diritti per le donne è arrivata più di cento anni dopo ed è stata in gran parte limitata alla parità di diritti per le donne non ebree. Amschel divise le nazioni europee come pagnotte, assegnando Germania, Austria, Gran Bretagna, Italia e Francia ai suoi figli come "loro territori".

In seguito, inviò negli Stati Uniti un membro della sua famiglia, un uomo di nome Schoeneberg, con il nome di August Belmont. Egli divenne la mano nascosta che approvò segretamente la legislazione che permise al Sistema della Federal Reserve di diventare legge.

Gli interessi dei figli Rothschild divennero la finanza e le banche internazionali e stabilirono filiali nelle principali capitali d'Europa, Parigi, Napoli, Vienna e Londra, ognuna sotto la stretta supervisione di uno dei cinque figli, mentre "Belmont" si impegnò pesantemente nel settore bancario e nella politica del

Partito Democratico in America. In un periodo di tempo relativamente breve, i Rothschild sono riusciti a portare l'intera Europa nella loro orbita e sotto la loro influenza. Comprarono funzionari e fecero amicizia con i monarchi e i principi d'Europa, assicurandosi che nessun estraneo entrasse nella famiglia. Quando una delle figlie inizia una "storia d'amore", viene stroncata senza pietà. Le viene detto che i fratelli considerano il matrimonio come un affare e organizzano matrimoni per le società.

È bastata una generazione di pianificazione, intrighi e manipolazione dell'opinione pubblica perché i Rothschild diventassero la più grande forza e influenza, non solo negli affari dell'Europa, ma anche in Estremo Oriente e, più tardi, negli Stati Uniti. I matrimoni hanno saldato la famiglia in un fronte coeso e forte. Nel 1815, l'Austria aprì la strada concedendo ai cinque fratelli il titolo ereditario di "barone", con le relative proprietà terriere. La loro ascesa fulminea verso la fama, la fortuna e il potere è stata incredibile da guardare. Non presero mai una decisione o una mossa senza una stretta consultazione con il loro "agente di comunicazione" e "fonte di informazioni privilegiate", i Von Thurn e Taxis.

Se non si potevano ottenere posizioni di potere politico, le si comprava. Mayer Amschel, capo di Francoforte, ad esempio, acquistò un seggio nel Consiglio privato prussiano del commercio. Si trattava di una posizione che in passato era stata disponibile solo per i reali, e il suo successo scosse l'aristocrazia prussiana, causando molto allarme e costernazione.

Dopo la Restaurazione borbonica (in cui i Rothschild ebbero un ruolo significativo), il fratello minore, James (Jacob), ottenne una carta per stabilire una filiale della banca Rothschild a Parigi.

Comprendendo rapidamente l'importanza delle ferrovie, James finanziò molte delle nuove linee e guadagnò un'enorme fortuna. Prestò ai Borboni, sempre spendaccioni, milioni di franchi.

Nathan era il genio dei cinque fratelli. Terzo della fila, era quello a cui gli altri si rivolgevano per avere consigli. Quando i fratelli decisero di trasferirsi in Inghilterra, mandarono Nathan nella cupa città industriale del nord, Manchester, piuttosto che a Londra. Questo perché i Rothschild avevano grandi progetti commerciali per il commercio di stoffe in quella città, che intendevano sfruttare appieno prima di trasferire la loro attività a Londra. La maggior parte della stoffa per le uniformi dell'esercito e della marina britannica proveniva originariamente dalla Germania. Grazie alle "informazioni postali" fornite dal monopolio postale di Von Thurn e Taxis, i Rothschild apprendono che la guerra con Napoleone è imminente. Nathan fu rapidamente inviato in Germania per acquistare tutte le scorte di questi tessuti.

Quando le manifatture di Manchester furono incaricate dal governo britannico di produrre uniformi per l'esercito e la marina, inviarono i loro agenti in Germania per procurarsi le scorte di tessuto necessarie, come avevano sempre fatto, solo per scoprire che tutta la produzione era già stata venduta a Nathan Rothschild, dal quale erano ora costretti ad acquistare.

Quando la notizia raggiunse Manchester, si scatenò un violento putiferio. A un certo punto Nathan temette per la sua sicurezza. Dopo cinque anni a Manchester, Nathan si trasferì a Londra nel 1805.

In effetti, "scappare" sarebbe una descrizione migliore, come è stato costretto a fare quando la rabbia dell'opinione pubblica per le sue azioni ha cominciato a montare.

Una delle ragioni principali del grande successo di Nathan è stata quella di aver capito che una comunicazione veloce era la chiave per battere i suoi concorrenti. Per comunicare utilizzò i cavalieri più veloci, le navi e persino i piccioni viaggiatori. Cercava avidamente "informazioni interne", che nascondeva ai suoi concorrenti e ai governi. Aveva i suoi agenti segreti in tutte le capitali d'Europa.

Questo gruppo fedele non ha mai esitato a pedalare di notte, in inverno e in estate. Allevavano le migliori razze di piccioni viaggiatori e navigavano con le imbarcazioni più veloci, talvolta acquistando tutti i passaggi tra Francia e Inghilterra per bloccare i concorrenti.

Il più grande principio di competenza di Nathan era quello di acquistare titoli di Stato in default, o in procinto di esserlo, con sconti enormi. Dopo un po' di tempo, i governi interessati furono sottoposti a forti pressioni per rimborsare le obbligazioni al valore nominale, il che portò a Nathan profitti incredibili. Divenne l'agente finanziario di più della metà dei governi europei. In passato alcuni personaggi di spicco hanno affermato che "la civiltà è finita nel 1790", tra cui H. G. Wells, il famoso scrittore britannico di establishment, che ha dichiarato nel *New York American* (27 luglio 1924) che il progresso mentale e morale della razza umana è terminato con il 18 secolo.

Wells era ben visto dai Rothschild, che apprezzavano la sua idea della Società delle Nazioni, quella che Wells definiva "uno Stato mondiale", che secondo lui era inevitabile. Gli Erlanger hanno donato 3.000 dollari a questo scopo, così come N.M. Rothschild.

George Bernard Shaw, il drammaturgo irlandese, disse a Hillaire Belloc: "Nel 1790 è successo qualcosa di enorme". La notizia è stata riportata dal *New York Times*:

> Si ha ragione di credere che si riferissero ai grandi movimenti rivoluzionari iniziati a metà e alla fine del XVIII secolo, quando nel 1779 Amschel Rothschild divenne il padrone dell'uomo più ricco della terra, il langravio d'Assia Cassel.

CAPITOLO 4

Le mura di Gerico [Francoforte] si stanno sgretolando

Ho già detto che solo cinquecento famiglie ebree potevano vivere a Francoforte, in Germania. La gestione del problema da parte di Mayer Amschel divenne il suo marchio di fabbrica. In occasione della nascita del figlio di Napoleone, il Granduca Dalberg di Francoforte voleva recarsi a Parigi per porgere i suoi omaggi, ma nessuna banca gli prestò il denaro necessario per il viaggio.

Il vecchio Amschel, tuttavia, vide la possibilità di rendere Dalberg suo debitore e gli prestò ottantamila gulden al cinque per cento. Non viene esercitata alcuna pressione sul Granduca per la restituzione del prestito, a patto che vengano pagati gli interessi, ma allo stesso tempo sono pochi i favori richiesti dai Rothschild che il Granduca può o vuole rifiutare.

Amschel e la sua famiglia si impegnarono in vaste operazioni di contrabbando in barba al boicottaggio francese dell'Inghilterra, che fruttarono ai Rothschild un sacco di soldi. I sospetti caddero su Amschel e fu pianificata un'incursione per il maggio 1809.

Dalberg, che non perdeva occasione di prendere in prestito denaro da Amschel a tassi vantaggiosi, lo informò dell'imminente raid tramite il suo commissario esecutivo di polizia, von Eitzlein.

Un'attività frenetica ha fatto sì che il contrabbando e i documenti compromettenti venissero affidati ad amici fidati, cosicché quando l'ispettore Savagner e i suoi uomini sono arrivati, hanno trovato il vecchio Mayer Amschel a letto e una perquisizione non ha portato a nulla di compromettente. Anche se gli ispettori del boicottaggio commerciale napoleonico tornarono a mani vuote, Amschel fu comunque multato per una misera cifra di 20.000 franchi, ma sfuggì al carcere, cosa che sarebbe avvenuta se il contrabbando fosse stato scoperto dagli ispettori.

Quando i disordini si placarono, Amschel affrontò il problema delle restrizioni sul numero di famiglie ebree autorizzate a risiedere a Francoforte. Si rivolse a Dalberg, che gli doveva ancora il capitale del prestito.

Secondo la legge, ogni famiglia ebraica doveva pagare una tassa annuale di 22.000 Gulden per rimanere in città. Amschel e uno dei suoi soci, un certo Gumprecht, persuasero il Granduca ad accettare una somma forfettaria che avrebbe dato agli ebrei il diritto di cittadinanza a Francoforte, a cui la maggioranza cristiana si opponeva fortemente. Inoltre, Amschel chiese non solo la parità di cittadinanza, ma anche che gli ebrei potessero creare i propri organi di governo e consigli.

L'avido Dalberg pretese che la somma forfettaria proposta da Amschel fosse pari a venti volte la commissione annuale totale.

Amschel e i suoi amici risposero alla richiesta pagando 294.000 Gulden in contanti e il resto in titoli al portatore.

In una lettera al Granduca che confermava l'accordo e le condizioni, Amschel dimostrò che quando era richiesto un comportamento umile e ossequioso, era un maestro dell'arte:

> Se potessi essere il messaggero della buona notizia, appena firmata da Sua Altezza Reale il nostro eccellentissimo Signore e Granduca, in favore, e potessi informare la mia nazione della loro grande gioia, sarete così gentile da informarmi per posta, confessate che sto abusando della vostra gentilezza e grazia, ma non ho dubbi che Vostra Altezza e la vostra onorevole famiglia debbano aspettarsi grandi ricompense celesti e che riceveranno molta felicità e benedizione, perché in effetti tutta la nostra comunità ebraica , se avrà la fortuna di ottenere pari diritti, sarà lieta di pagare con grande piacere tutte le tasse che i cittadini devono pagare.

Si noti come Amschel abbia audacemente affermato che gli ebrei di Francoforte costituivano una nazione separata. L'accordo richiese un po' di tempo per essere adottato, ma quando lo fu, Amschel annunciò immediatamente la creazione dell'organo di governo della comunità delle religioni israelite, con von Eitzlein (un ebreo) come primo presidente, forse come ricompensa per aver informato Amschel della prevista incursione di contrabbando nel maggio 1809. Il Senato e i cristiani si infuriarono e attaccarono immediatamente l'accordo in quanto concedeva privilegi speciali agli ebrei.

Si dice che Dalberg abbia ricevuto un pagamento sostanzioso, che non ha reso pubblico. Il sentimento contro Dalberg e gli ebrei raggiunse l'apice. Sono state mosse accuse di corruzione in cambio di pari diritti. Con la caduta di Napoleone, Dalberg fu deposto e sostituito dal barone d'Assia von Hugel.

Amschel non temeva l'Austria o la Prussia, aveva i loro governi in pugno, ma temeva che quando il Congresso di Vienna decise lo status di Francoforte nel 1814, l'accordo di Dalberg non sarebbe stato rispettato. Inviò Jacob Baruch e un certo Gompers come suoi rappresentanti, ma la polizia di Vienna li fece controllare come rivoluzionari e ne ordinò l'espulsione.

Tuttavia, il Principe Metternich, che era stato creato da Nathan Rothschild, così come Adam Weishaupt, Napoleone, Disraeli e Bismarck erano tutti semplici burattini (o "scagnozzi") dei Rothschild, annullò l'ordine. Corruzione e concussione erano praticate apertamente.

A Humbold vennero offerti tre bellissimi anelli di smeraldo di una vera fortuna, più quattromila ducati, che egli rifiutò.

Il segretario di Metternich, Frederick von Gentz, tuttavia, accettò le tangenti offerte e divenne per sempre un prezioso intermediario per i Rothschild con la potente nobiltà e i leader politici austriaci .

Quando la notizia dello sbarco di Napoleone sul suolo francese dal suo esilio a Sant'Elena raggiunse il Congresso, la "questione ebraica" dovette essere accantonata. Il Congresso di Vienna fu la prima conferenza mondiale dominata dai banchieri internazionali e i Rothschild contribuirono notevolmente al controllo dei banchieri sulle decisioni prese.

CAPITOLO 5

I Rothschild saccheggiano le cinque grandi potenze

Il conte Buol-Schauenstein, rappresentante dell'Austria, è scandalizzato dall'accordo stipulato da Dalberg-Rothschild con gli ebrei di Francoforte:

> Il commercio rimane l'unico mezzo di sussistenza per gli ebrei. Questa nazione, che non si unisce mai a nessun'altra, ma resta sempre unita per perseguire i propri fini, eclisserà presto le imprese cristiane; e con l'aumento terribilmente rapido della sua popolazione, si diffonderà presto in tutta la città, così che una città commerciale ebraica apparirà gradualmente accanto alla nostra venerabile cattedrale.

Ho dedicato molto tempo alla ricerca di documenti nel British Museum che facessero in qualche modo riferimento alla famiglia, in modo da poter scrivere sull'ascesa della dinastia Rothschild, e molto di ciò che è stato detto proviene da questa fonte. Il Barone James è diventato una grande personalità. Re e ministri furono costretti a fare affidamento su di lui ed egli si giustificò finanziando un prestito di 520 milioni di franchi al governo della Restaurazione, che aveva bisogno di denaro dopo le grandi guerre della Rivoluzione e dell'Impero. Nel suo libro *Les Juifs rois de l'époque* Toussenel scrive:

> L'anno fatale 1815 può essere considerato l'era del nuovo potere; anche se prima di questa data la coalizione di banchieri che comprò grandi sconvolgimenti la campagna di Mosca e Waterloo - bisogna ricordare l'interferenza degli ebrei nei nostri affari nazionali (francesi). Nel 1815, la Francia fu condannata a pagare 1500 milioni di franchi di indennità di guerra e cadde

preda dei finanzieri internazionali di Francoforte, Londra e Vienna che si unirono per sfruttare la sua calamità. James Rothschild pagò solo 50 franchi per ogni titolo di Stato da 100 franchi e ricevette cinque franchi di interessi, che rendevano il dieci per cento del denaro, prestato e l'anno successivo il capitale cominciò a rendere il doppio. Giacomo divenne il prestatore dei Re. Questo, unito alle sue speculazioni sul mercato azionario, dove poteva influenzare l'ascesa e il declino delle azioni, fece lievitare i guadagni del barone a milioni.

Tra il 1815 e il 1830, i Rothschild non fecero altro che saccheggiare le cinque grandi potenze: Inghilterra, Russia, Francia, Austria e Prussia. Ad esempio, la Prussia prese in prestito 5.000.000 di sterline al 5%, ma ricevette solo 3.500.000 sterline o il 70% per i suoi titoli di Stato, quindi il tasso di interesse reale era superiore al 7%. Ma il punto chiave dell'accordo era che le obbligazioni dovevano essere rimborsate in pochi anni al 100%. I Rothschild hanno realizzato un profitto di 1.500.000 sterline più gli interessi. Nel 1823, Giacomo rilevò l'intero prestito francese.

Secondo il professor Werner Sombart nel suo libro *Gli ebrei e la vita economica*:

> Il periodo che va dal 1820 in poi divenne l'età dei Rothschild, tanto che a metà del secolo si era soliti dire che in Europa c'era un solo potere, quello dei Rothschild.

Come spiegato in precedenza, l'opera narrativa di Disraeli, *Coningsby*, era un resoconto sottilmente mascherato della vita di Nathan Rothschild II, ed estremamente rivelatore:

> Suo padre [Nathan Rothschild] aveva istituito una confraternita nella maggior parte delle grandi capitali. Lì era il signore e padrone dei mercati monetari mondiali e, ovviamente, praticamente il signore e padrone di tutto il resto. Egli detiene letteralmente in pegno le entrate dell'Italia meridionale [attraverso Karl Rothschild a Napoli] e i monarchi e i ministri di tutti i Paesi fanno la corte ai suoi consigli e si lasciano guidare dai suoi suggerimenti. Tra Parigi e Napoli, Sidonie [Lionel] ha trascorso due anni. Sidonie non ha cuore, è un uomo senza affetti.

Questo è il libro che Nathan Rothschild dettò a Disraeli e che fu pubblicato come fiction, ma non esiste una storia dei Rothschild più accurata di questa. Chi era Disraeli?

In *La Vielle France* N° 216, Bismarck disse che Disraeli era un mero strumento dei Rothschild e che erano stati proprio Disraeli e i Rothschild a formulare il piano per smembrare gli Stati Uniti attraverso una massiccia guerra civile. Disraeli era solo una delle loro creazioni che hanno elevato dall'oscurità alla gloria. Suo nonno, Benjamin D'Israeli, arrivò in Inghilterra nel 1748. Suo figlio, Isaac D'Israeli, nacque nel 1766 e divenne presto un bolscevico. Una delle sue opere si intitola *Contro il commercio*.

Di suo padre, Disraeli disse: "Viveva con uomini colti. Questi uomini colti erano Nathan Rothschild e il suo entourage. Per inciso, "El-Israeli" (D'israeli?) è un nome arabo di origine turca usato in Medio Oriente per indicare persone di origine ebraica. È probabile che la famiglia paterna sia giunta in Italia dalla Turchia e si sia stabilita ad Ancona o a Cento. Il campo di Isaac era la scrittura e, come molti studiosi prima di lui, frequentava il British Museum.

Era anche importatore di cappelli di paglia, marmo e allume, ma Isaac voleva scrivere.

Nel 1788 il padre lo mandò a studiare in Francia, Italia e Germania. Tornato in Inghilterra nel 1789, scrisse *The Curiosities of Literature*, pubblicato dal socialista John Murray. Un successo letterario, il libro ha avuto tredici edizioni.

Benjamin ha probabilmente ereditato le sue capacità di scrittura dal padre.

Nato nel 1804 da una famiglia di mezzi modesti, Benjamin fu circonciso l'ottavo giorno secondo l'usanza ebraica e crebbe nella fede ebraica. Sebbene ne fosse orgoglioso, siamo portati a credere che sapesse molto presto che, per quanto riguardava le cariche pubbliche, la sua "ebraicità" sarebbe stata uno svantaggio, perché nell'Inghilterra di allora la religione proibiva agli ebrei di diventare membri di un partito politico.

Ma per ordine di Nathan Rothschild, all'età di tredici anni, Benjamin fu battezzato il 31 luglio 1817 come cristiano, in modo da poter entrare nella società e nell'establishment politico inglese, all'epoca precluso agli ebrei dai Test Acts. Gli ordini di Nathan Rothschild erano di abbattere tutte le barriere contro gli ebrei.

Una volta disse a Lord Melbourne, ministro dell'Interno, "diventerò primo ministro d'Inghilterra", cosa che Melbourne trovò fantasiosa e impossibile. Naturalmente, all'epoca Melbourne non sapeva dei legami di Disraeli con i Rothschild. Ma prima, i finanziamenti necessari dovevano arrivare da qualche parte. A ventidue anni iniziò a "speculare" in borsa, un'occupazione altamente improbabile per un uomo che era sempre stato senza soldi.

Un certo Thomas Jones - molto probabilmente un nome falso - trovò duemila sterline per iniziare, e poi novemila sterline - una somma enorme a quei tempi da investire in uno scrittore squattrinato e inesperto! Non ci vuole molta immaginazione per concludere che "Thomas Jones" non era altro che Nathan Rothschild.

Come per i biografi di Napoleone Ier , Bismarck, Metternich, il maresciallo Soult (che tradì Napoleone a Waterloo), Karl Marx, Bombelles, Lassalle, Hertz, Kerensky e Trotsky, le lodi per Disraeli, un ex non-entità, erano abbondanti. J. G. Lockhart, genero di Sir Walter Scott, era fuori di sé quando scrisse nel 1825:

> Posso dire onestamente di non aver mai incontrato un giovane più promettente. È uno studioso, uno studente assiduo, un pensatore profondo, una grande energia, un'uguale perseveranza, un'instancabile applicazione e un uomo d'affari completo. La sua conoscenza della natura umana e la tendenza pratica di tutte le sue idee mi hanno spesso sorpreso in un giovane che ha appena superato i vent'anni.

Un'altra amica abbagliata ha scritto:

> Non aveva rango, né amici importanti, né fortuna, ma era uno scienziato capace che ha abbagliato l'establishment con la sua audacia di concezione, i suoi brillanti trionfi. Aveva quella suprema fiducia in se stesso che equivale a un genio virtuale.

Non si è mai scoraggiato.

Certo che l'ha fatto! Sostenuto da Nathan Rothschild, aveva il mondo ai suoi piedi. Se solo si potesse riscrivere la storia!

L'aristocrazia inglese non fu distrutta dalla Rivoluzione "francese" e rimase implacabilmente contraria agli ebrei finché Disraeli, per conto dei Rothschild, non li sconfisse. Disraeli era il cavallo di Troia, infilato nel cuore stesso della società inglese e del suo establishment politico.

(Documenti del conte Cherep-Spiridovich e del British Museum)

Nel dicembre 1922, il British Guardian pubblicò un articolo del dottor John Clarke, che vale la pena citare:

Il modo in cui questa potente azienda [i Rothschild] governa il governo di Francia e Inghilterra può essere dedotto da due recenti episodi. Il segretario della Legazione francese, il signor Thierry, presso l'Ambasciata a Londra, ha sposato alcuni mesi fa una donna ebrea del clan Rothschild. E ora i mentori occulti del nuovo partito "conservatore" di Bonar Law [il primo ministro britannico che ha promesso di seguire le politiche di Disraeli] sono gli stessi.

Il governo lo ha indotto a inviare come ambasciatore a Parigi una "liberale" non diplomatica, la marchesa di Crewe, la cui moglie è figlia di Hannah Rothschild, contessa di Roseberry. Qui abbiamo la vera base dell'Intesa franco-britannica - "R.F.", che sta per Rothschild Frères, i fratelli Rothschild, copre l'Impero britannico, la Repubblica francese e la maggior parte delle altre repubbliche e regni tra Mosca e Washington.

Chi ha aperto la strada a cambiamenti così sorprendenti sulla scena politica inglese? Fu Disraeli a "controllare" il primo ministro Bonar Law. Nella *Vita di Disraeli* di Buckle, l'autore non fornisce alcuna indicazione su chi abbia creato Disraeli:

"Nessuna carriera nella storia inglese è più meravigliosa di quella di Disraeli, e nessuna è stata finora avvolta da maggiore mistero".

In realtà, non c'era alcun "mistero". Ma per Nathan e suo figlio Lionel Rothschild, Disraeli non sarebbe mai esistito al di fuori della sua ristretta cerchia familiare. Dal 1832 al 1837 Disraeli ebbe grossi problemi con i debiti non pagati. Nell'aprile del 1835 fu costretto a trascorrere gran parte del suo tempo in casa per "evitare di essere pizzicato dai creditori", come scrisse in una lettera a Lady Henrietta Sykes, la sua amante.

Nell'agosto 1835 Disraeli si recò a Bradenham, per sfuggire ai creditori. Uno di loro era un Austen che minacciò di farlo arrestare e mandare in una prigione per debitori. A Bradenham cercò di scrivere il suo romanzo *Henrietta Temple*. A questo punto i debiti oscurano la sua scrittura. A luglio, un altro dei suoi creditori, Thomas Mash, che aveva sollecitato il pagamento, divenne urgente e Disraeli camminava nel timore (quando si avventurava fuori) di un imminente arresto.

Perennemente in difficoltà finanziarie, fortemente indebitato all'età di vent'anni e incapace di conquistare un seggio alla Camera dei Comuni, cosa che aveva tentato di fare dal 1832 al 1837, i Rothschild, che lo tenevano d'occhio dall'età di dieci anni, lo nominarono loro "valletto".

Scrivendo alla sorella Sarah nel 1849, Benjamin lo ammette. Quell'anno fu il peggior periodo finanziario della sua vita. I creditori lo assillarono e dovette comparire davanti a una corte d'assise quando, come disse nella sua lettera a Sarah, "Mayer Rothschild fece involontariamente uscire il gatto dal sacco".

Disraeli non "elevò l'Inghilterra alla posizione più alta", come sostiene Buckle. Al contrario, ciò che fece fu preparare l'Inghilterra a una serie di guerre disastrose. Ha spaventato generazioni di inglesi con le sue bugie sulla "Grande Russia" come presunto pericolo e minaccia per la Gran Bretagna. Il primo ministro Gladstone accusò Disraeli di aver mentito. Era sincero sul presunto "pericolo" russo?

Lord Gladstone disse che c'erano solo due cose su cui era "serio, sua moglie e la sua razza". Gladstone ovviamente non sapeva che Benjamin era "serio" riguardo ai Rothschild, di cui parlava raramente, forse perché nessuno di qualsiasi rango poteva sfidare i Rothschild impunemente. Benjamin Disraeli è l'uomo giusto per i Rothschild, Lionel, Mayer, Anthony e le loro famiglie, compresi i Montefiores. In una lettera alla sorella Sarah, scrive che dopo il viaggio di nozze c'era stata una festa a casa della signora Montefiore e che non c'era "nemmeno un nome cristiano".

Non c'è dubbio che Benjamin abbia reso un grande servizio ai suoi mentori, fornendo loro "intelligenza" dalla sua posizione elevata.

È noto che fu proprio uno di questi "lavori di spionaggio" a consentire ai Rothschild di avviare il lucroso prestito del Canale di Suez.

Descritto come un "colpo di Stato" architettato da Disraeli, i fatti non erano così semplici. Attraverso il suo servizio segreto di "intelligence", Disraeli venne a sapere che il Khedive d'Egitto, Ishmail Pasha, voleva vendere le sue azioni della Compagnia Universale di Suez.

Grazie alle "informazioni" fornite dal controllo della posta di Von Thurn e Taxis, il 15 novembre 1875 Disraeli fu informato che il Khedive stava negoziando con due banche francesi per la vendita di azioni. Disraeli si precipitò immediatamente dal barone Lionel de Rothschild, che accettò di fornire un prestito al governo britannico a questo scopo. Il piano segreto fu elaborato da Lionel e Disraeli e presentato al Gabinetto britannico per l'accettazione il 24 novembre. L'abilità di Lionel di agire così rapidamente non viene menzionata, e quindi agli occhi del pubblico rimane una "trovata di Disraeli".

Questo resoconto, tratto dalle opere raccolte dal Maggiore Generale Conte Cherep-Spiridovich, contribuisce a sfatare i miti e le leggende che si sono sviluppati intorno alla vita e ai tempi di Nathan Rothschild, dei suoi parenti stretti e lontani che vivevano a Londra e del leggendario Disraeli.

CAPITOLO 6

Benjamin Disraeli: una spia al servizio dei Rothschild

Era una situazione vantaggiosa per tutti, con i Rothschild sempre pronti a salvare Benjamin dai suoi problemi finanziari, soprattutto nel 1835, 1849, 1857 e 1862, quando i suoi debiti ammontavano a circa 300.000 dollari senza possibilità di rimborso. Di fronte al suo nemico, il Duca di Portland, che lo perseguitava, si fece "prestare del denaro" da un prestanome del Barone di Rothschild, un certo Philip Rose, che per caso soggiornava nello stesso hotel di Torquay nello stesso periodo del Barone Rothschild. Siamo portati a credere che Rose abbia convinto Rothschild a prestare a Disraeli il denaro di cui aveva bisogno. Situata sulla costa orientale dell'Inghilterra, Torquay era una località balneare alla moda, con hotel e terme raffinati, spesso frequentata dai reali e dai loro parenti. In una lettera alla sorella del dicembre dello stesso anno, Benjamin scrisse:

> "Gli piace dare agli amici, non prestare, perché non si interessa mai a me...".

Mi propongo di esaminare la storia di alcuni dei personaggi più famosi del mondo e di cercare di scoprire il ruolo che i Rothschild hanno avuto nella loro vita. Per lo stesso motivo esaminerò anche le rivoluzioni e le guerre. È un compito scoraggiante, ma più che mai necessario.

Ci sono state così tante bugie nella storia dell'élite al potere che i nostri sensi sono ottusi e mi chiedo come la verità potrà mai essere conosciuta dalla gente comune di questo mondo, che ha dovuto sopportare il peso di questi sconvolgimenti e non ha mai saputo perché ha dovuto fare sacrifici così terribili. Certo, hanno le spiegazioni martellate dalla propaganda che soddisfano la maggior parte delle persone, ma per chi vuole conoscere la verità non è mai stato sufficiente parlare di "patriottismo", "amore per la patria", "rendere il mondo sicuro per la democrazia" e combattere una "guerra per porre fine a tutte le guerre". Non posso andare troppo indietro nella storia, quindi cominciamo con alcuni degli sconvolgimenti più esplosivi che hanno colpito il mondo, a partire dal 18 secolo e dalle personalità coinvolte, per poi continuare fino al 20 secolo. Per motivi di spazio, ci limiteremo agli aspetti più significativi di questi eventi.

Sebbene non vi siano prove tangibili del coinvolgimento dei Rothschild nel cataclisma della Rivoluzione francese, gli storici tendono a credere che vi siano dietro, attraverso alcuni dei loro agenti. Il loro noto odio per il cristianesimo e il desiderio di liberare la Francia dalla monarchia cristiana che essa rappresentava furono la forza trainante della rivoluzione. L'opposizione al cristianesimo è il fattore che avrebbe motivato i Rothschild a intraprendere azioni indirette per affrontarlo in ogni occasione.

Una cosa è diventata chiara in passato: tutte le guerre combattute da allora sono state per il progresso del socialismo internazionale, di cui i Rothschild erano strenui sostenitori.

I documenti conservati al British Museum indicano che i Rothschild erano profondamente coinvolti in tutte le rivolte e le guerre dal 1770 in poi. Indirettamente, è provato che un ramo dei Rothschild partecipò al finanziamento della Rivoluzione francese attraverso la banca di Moses Mocatta, zio di Sir Moses Montefiore, il cui fratello, Abraham Montefiore, era sposato con Jeanette, figlia di Mayer Amschel.

Il figlio di Mayer Amschel, Nathan, sposò la cognata di Sir Moses Montefiore nel 1806. Un'altra figlia di Abraham Montefiore, Louisa, sposò Sir Anthony Rothschild nel 1840.

Un approccio fattuale alla storia ci permette di capire che le case bancarie ebraiche di Daniel Itzig, David Friedlander, Herz Geribeer e Benjamin e Abraham Goldsmidt, furono i principali finanziatori della Rivoluzione "francese". È interessante notare che dei cinquantotto matrimoni contratti dai discendenti di Mayer Amschel, ventinove erano tra cugini di primo grado.

Dal 1848 in poi, il ritmo si accelerò. Marx stabilì che tutte le guerre dovevano essere finalizzate all'avanzamento del socialismo internazionale, e Lenin e Trotsky lo sancirono nella dottrina comunista. La Prima guerra mondiale fu iniziata per instaurare il bolscevismo in Russia, per creare una "casa per gli ebrei in Palestina", per distruggere la Chiesa cattolica e smembrare l'Europa.

Il primo tentativo di un governo unico mondiale fu lanciato sotto le mentite spoglie della Società delle Nazioni. La Seconda guerra mondiale è stata combattuta per distruggere il Giappone e la Germania - due Paesi in cui lo spirito nazionale era particolarmente forte - per fare dell'URSS una potenza mondiale comunista e per estendere la portata del bolscevismo a tre quarti del mondo. All'indomani della guerra, gli Stati Uniti furono sollecitati ad aderire al successivo tentativo di creare un unico governo mondiale, le Nazioni Unite.

La Seconda Guerra Mondiale ha cambiato il volto degli Stati Uniti, che sono stati costretti dall'ampio contingente di socialisti internazionali in posizioni di potere ad abbandonare la loro Costituzione e la loro forma di governo repubblicana per assumere il ruolo di nuovo Impero Romano mondiale. In breve, gli Stati Uniti sono stati trasformati dalla loro forma di governo repubblicana cristiana in una potenza imperiale destinata a conquistare il mondo per e in nome del socialismo internazionale.

Dietro a questi potenti cambiamenti c'erano il potere, il denaro e la mano guida dei Rothschild. Cercherò di passare in rassegna i principali eventi che hanno scatenato queste guerre e altri importanti eventi storici.

Al momento dello scoppio della rivoluzione in Francia, la nobiltà e il clero erano liberali nei confronti dei cittadini francesi.

Avevano la libertà di lavoro e la libertà di stampa; secondo il libro di Louis Dasté, La *Massoneria e il Terrore*, basato sui documenti del periodo precedente al 10 agosto 1789 - tutto ciò che il popolo francese desiderava in termini di libertà, libertà dall'eccessiva tassazione e libertà di religione era stato concesso. Se c'è una cosa che ho imparato dalla storia è che esiste un potere malvagio che odia e combatte fino alla morte ogni forma di libertà e giustizia per gli uomini comuni del mondo.

Ogni volta che è stato istituito un sistema di governo di questo tipo, questi governanti segreti e malvagi sono entrati in scena e hanno rovesciato questi governi benevoli ricorrendo a violenza e crudeltà estreme. Un esempio è la Russia, dove lo zar Alessandro II aveva accettato una nuova costituzione.

Il suo ministro Stolypin aveva messo in moto la macchina per concedere la terra ai contadini e nazionalizzare le banche; lo zar Nicola aveva proibito le guerre minacciando di "sparare al primo che spara" e gli zar erano conosciuti come le persone più colte, istruite e gentili del mondo. Stolypin fu crudelmente assassinato dai rivoluzionari bolscevichi per impedire che le libertà e le riforme promesse dallo zar fossero messe in pratica.

Il 4 agosto 1789, ottantatré persone non identificate presero d'assalto l'Hôtel de Ville a Parigi, gridando "noi siamo i 300" (rivelando così inavvertitamente la mano nascosta dei loro controllori).

In Francia, il municipio è solitamente il centro dell'amministrazione civile. Robespierre e Danton non si unirono immediatamente alla sete di sangue che ne derivò. Stéphane Lausanne, redattore di Le *Matin de Paris*, ha dichiarato in un articolo del 6 gennaio 1923:

> Noi francesi pensiamo di sapere tutto sulle forze del nostro pianeta. Ma non sappiamo nulla degli uomini di cui le masse non sanno nemmeno pronunciare il nome. Questi uomini, più potenti di Cesare o persino di Napoleone, governano il destino del Globo. Questi uomini dirigono i capi di Stato, controllano e sottomettono le persone che governano , manipolano le borse, iniziano o sopprimono le rivoluzioni.

Ciò che non sapeva era che i Rothschild avevano creato e controllato Napoleone come loro strumento e che se ne erano liberati quando il genio corso se ne era reso conto ed era entrato in uno stato di ribellione, la cui prima manifestazione fu il divorzio dalla moglie, la creola Giuseppina. Philip Francis, scrivendo sul *New York American* sotto il titolo "The Poison in America's Cup", ha affermato che:

> In teoria ci governiamo da soli; in realtà siamo governati da un'oligarchia del ramo americano della Federazione Internazionale dei Banchieri, la coalizione dei saccheggiatori. Il governo britannico è il camuffamento dietro il quale i re del denaro di questo mondo hanno finora nascosto la loro guerra economica contro le masse popolari.

Non esistono prove dirette del coinvolgimento dei Rothschild nello scoppio della Rivoluzione francese, ma è ampiamente dimostrato che Mirabeau era membro della loggia Les Amis Réunis, così come il suo socio Talleyrand. Mirabeau e Talleyrand scoprirono Napoleone, che in precedenza era stato un oscuro ufficiale dell'esercito francese. Si ritiene che molti dettagli della Rivoluzione francese siano stati discussi nel palazzo del Langravio d'Assia a Wilhelmsbad, dove è noto che si riunivano spesso importanti massoni, il che stabilisce un legame con Mayer Amschel, che era a capo del "conclave segreto mortale e sconosciuto ai massoni" in cui fu pianificata la Rivoluzione "francese".

C'era anche il legame con Adam Weishaupt, fondatore degli Illuminati, attraverso Wilhelmsbad. Il già citato libro *The Rothschild Money Trust*, afferma a pagina 17:

> Si ammette anche, come loro stessi sostengono, che gli Illuminati abbiano avuto un ruolo importante nella realizzazione delle sanguinose giornate del 1789, preparate e presumibilmente finanziate dagli ebrei, e che la grande Casa Rothschild avesse appena raggiunto i vertici finanziari. È provato che questa rivolta contro i reali fu finanziata dalla "grande casa Rothschild" e che la Rivoluzione francese fu provocata dagli ebrei. Fu l'atto finale che liberò gli ebrei dai loro handicap politici e civili in Francia.

Sfortunatamente per la storia, *il Rothschild Money Trust* non fornisce fonti specifiche a sostegno dell'affermazione che la Rivoluzione francese sia stata finanziata dai Rothschild.

Nel 1782, dopo aver "acquisito" la vasta fortuna del Langravio d'Assia-Cassel, Amschel sollecita Weishaupt, che all'epoca conduce una vita da mendicante. Weishaupt è un uomo di mezzi modesti che fatica a trovare i soldi per pagare un aborto illegale praticato alla cognata. Dopo l'incontro con Amschel, Weishaupt arriva a Parigi con milioni di franchi a disposizione. Importa almeno 30.000 criminali della peggior specie e li installa in tane a Parigi. Fa la stessa cosa in Germania. Quando tutti i preparativi sono completati e il palcoscenico è allestito nel 1789, a Parigi si scatena l'inferno. Secondo l'autore Pouget Saint-André, cronista della rivoluzione scoppiata in Francia, Danton è ebreo come Robespierre, il cui vero nome è Ruben. Pouget St André, autore di *Les Auteurs de la Révolution Française*, ha posto una domanda che a tutt'oggi non ha mai trovato risposta:

> "Perché la Convenzione ha versato tanto sangue? Si dice che lo spargimento di sangue sia stato causato dall'odio del popolo contro la classe privilegiata. Come spiegare la bassa percentuale di aristocratici giustiziati, pari solo al 5% di tutti i condannati? Perché le riforme sono state acquistate al prezzo esorbitante di 4 miliardi di franchi e 50.000 teste quando Luigi XVI le offriva già gratuitamente?".

Ernest Renan nella sua opera *La Monarchie constitutionnelle en France* scriveva L'assassinio del re Luigi XVI è stato un atto del più orrendo materialismo, della più vergognosa professione di ingratitudine e bassezza, della più comune scelleratezza e dell'oblio del passato. Nulla, se non la sete di sangue di coloro che hanno messo a morte il Re, giustificava un tale sacrificio.

CAPITOLO 7

Testimonianze degli orrori della Rivoluzione francese

Tutti coloro che avevano fatto il lavoro delle società segrete e dei loro scagnozzi per conquistare la Francia furono poi giustiziati, alcuni in modo orribile e crudele, tra cui Danton e Robespierre, si immagina, per metterli a tacere, per evitare che un giorno fossero tentati di rivelare chi c'era dietro la rivoluzione.

L'omicidio, allora come oggi, era l'arma preferita contro coloro che cercavano di ostacolare la volontà dei '300'.

Lord Acton, nel suo saggio sulla Rivoluzione francese, ha fatto questa osservazione:

> Ciò che è spaventoso non è il clamore, ma il design. Attraverso tutto il fuoco e il fumo, vediamo le prove di un'organizzazione calcolatrice. I leader rimangono accuratamente nascosti e mascherati, ma la loro presenza è inconfondibile fin dall'inizio.

Torneremo sul conflitto russo-giapponese del 1904, su coloro che lo organizzarono, lo finanziarono e sulle loro ragioni, ma per ora, di sfuggita, citiamo quanto disse il direttore del *New York Evening Post* il 9 dicembre 1924:

> Da qualche parte, dietro la nebbia della propaganda, sinistre mani invisibili cercano di distruggere le relazioni pacifiche tra Russia e Giappone. Il Giappone non vuole la guerra. L'America non vuole certo la guerra. Perché allora il continuo clamore sul fatto che il Giappone è un nemico da tenere d'occhio, di cui diffidare, da armare e infine da combattere?

Tra tutti i personaggi storici degli ultimi tre secoli, nessuno è più conosciuto di Napoleone. Eppure si parla poco di come sia passato dall'oscurità alla fama.

Come la maggior parte delle persone "adottate" dai Rothschild, Napoleone era molto povero quando Talleyrand lo presentò ai Rothschild. Non aveva i soldi per pagare il conto della lavanderia e aveva solo una camicia. L'uniforme gli era stata fornita da Josephine de Beauharnais, che poi sposò dopo che il conte Paul de Barras l'aveva respinta dopo essere stata la sua amante.

Nel 1786, Napoleone era un sottotenente, un povero ufficiale senza un soldo, che andava di porta in porta a cercare un lavoro per arrotondare la paga. Era un'epoca in cui i popoli europei si erano stancati del trittico teorico "Liberté, Égalité et Fraternité". Amschel era deluso dal fatto che Weishaupt avesse fatto pochi progressi nella sua lotta contro la Chiesa cattolica e cercava "nuovi talenti". Amschel rimase sufficientemente impressionato dal fuoco e dall'ardore del còrso e gli diede i mezzi per vivere decentemente. H. Fischer, in un articolo consultato al British Museum, scrive:

> "Nel 1790, Napoleone riuscì, con mezzi considerati all'epoca spregiudicati, a farsi eleggere comandante in seconda di un intero battaglione".

Come ci è arrivato? Charles MacFarlane, nel suo libro *The Life of Napoleon* (si trovava al British Museum, dove ho potuto consultarlo), ha fatto luce su questa "sorprendente ascesa al potere".

Augustin Robespierre, fratello minore del terribile Dittatore, aveva incontrato Bonaparte durante la presa di Tolone nel 1798. È innegabile che sviluppò un'intimità che aveva tutte le apparenze di una calda amicizia con Augustin, che sarebbe stato altrettanto spietato del fratello maggiore.

Secondo l'autobiografia di Wolf Tone (Barry 1893), Robespierre era un illuminista.

Cristiano di nome, Napoleone percepì presto l'odio per il cristianesimo che ardeva nel petto di Amschel, e così ricorse alla simulazione per soddisfare il suo nuovo fornitore di denaro. Si è messo contro la Chiesa cattolica. L'umiliazione del Papa era una prospettiva molto piacevole per Amschel, e il denaro cominciò ad affluire nelle tasche di Napoleone in quantità sempre maggiore.

Ecco come si spiega la sua "sorprendente ascesa al potere", il suo "sorprendente successo"! Come si dice in gergo moderno, gli scrittori e i biografi di Napoleone semplicemente non seguirono la pista del denaro.

L'incapacità di Weishaupt di distruggere la Chiesa cattolica, lo scopo per cui era stato "costruito" da Amschel, era esasperante, ma quando Napoleone fu portato alla sua attenzione, l'intera opera fu affidata a lui. Il modo in cui sarebbe stato realizzato fu pianificato nelle logge massoniche di Parigi frequentate da Talleyrand e di Francoforte da Amschel.

Fu Talleyrand a dire a Napoleone:

> La guerra è l'unico modo per distruggere la Chiesa.

H.G. Wells lo riconobbe quando descrisse il genio corso come un "duro, capace, competente, demolitore di iniziative (rivoluzionarie)", ma non menzionò il suo finanziatore, senza le cui masse di denaro queste caratteristiche gli sarebbero state poco utili.

Come Kerensky, Trotsky, Disraeli, Lloyd George e Bismarck, Amschel prese Napoleone quando non era importante e lo fece diventare l'uomo più importante d'Europa.

Sebbene H.G. Wells si sia lamentato di non aver portato avanti la rivoluzione, non era questo il punto. Quando Amschel fece nominare Napoleone Primo Console a vita con un'ampia maggioranza di voti, il palcoscenico era pronto per alzare il sipario sull'Europa.

Finché portò a termine la missione di Amschel di distruggere le monarchie cristiane e la Chiesa cattolica, Napoleone condusse una vita affascinante, passando da un successo all'altro. *How Great Was Napoleon* è un eccellente libro di Sidney Dark che ho trovato al British Museum, in cui scrive:

Napoleone, nato senza alcun vantaggio di ricchezza o di discendenza, si rese padrone del mondo prima dei 35 anni e concluse la sua carriera di impareggiabile impossibilità romantica all'età di 46 anni.

Questo significa dimenticare completamente i poteri dietro Napoleone, Amschel e i suoi milioni e i pianificatori all'interno delle logge massoniche di Parigi e Francoforte. Il 9 marzo 1796, Napoleone sposò Giuseppina di Beauharnais, una creola dagli insaziabili appetiti sessuali che aveva già pagato la sua uniforme.

Il matrimonio fu organizzato dai Rothschild attraverso il conte Paul de Barras, che aveva anche nominato Napoleone comandante in capo dell'esercito in Italia.

Josephine era l'amante di Barras, ma lui, stufo di lei, voleva porre fine alla loro relazione. Per impedirle di giurare vendetta su di lui, il conte di Barras fece in modo che sposasse Napoleone, il che non è certo la versione "romantica" che quasi tutti gli scrittori sulla vita e l'epoca di Napoleone hanno dato.

Josephine aiutò de Barras con le informazioni riservate fornitele dal marito, che ovviamente andavano direttamente ai Rothschild. L'incoronazione di Napoleone nel 1804 fu trattata con indifferenza da Amschel, ma si allarmò quando fu invitato il Papa. I Rothschild furono costernati e arrabbiati quando Napoleone divorziò da Giuseppina e sposò l'arciduchessa Maria Luisa nel 1810. I Rothschild si resero conto che le occasioni per distruggere regni e schiacciare la Chiesa cattolica sarebbero state sempre meno.

Nel 1810 il dado era tratto contro Napoleone e James Rothschild si mise all'opera per rovinare il suo ex eroe.

La storia completa della graduale disillusione di Napoleone, il suo risveglio per scoprire che non stava combattendo per la Francia, ma piuttosto per una potenza straniera al fine di rafforzare la sua presa sulla nazione come conseguenza necessaria della rivoluzione, il ruolo degli Illuminati e dei massoni nella sua incredibile ascesa, lo fecero arrabbiare sempre di più.

La sua presa di coscienza fu lenta e dolorosa, ma una volta aperta la mente alla verità, Napoleone iniziò a ribellarsi ai suoi controllori. Nella sua *Storia di Napoleone*, G. Bussey afferma che Napoleone cambiò, perse il suo feroce desiderio di guerra e dichiarò:

"Grazie a Dio sono in pace con il mondo.

I Rothschild non avevano più bisogno del loro vecchio strumento. Finanziarono e crearono un fronte chiamato "Lega contro Napoleone". I mentori che Napoleone aveva iniziato a trascurare ora gli si rivoltarono contro. Karl Rothschild non tardò ad avvelenare le relazioni tra il Papa e Napoleone, che all'insaputa di quest'ultimo ordinò l'arresto del Santo Padre da parte del generale Radet. Il Papa reagì scomunicando l'imperatore.

Napoleone aveva cercato di ottenere il favore del Papa. Sente il terreno sotto i piedi mentre un evento dopo l'altro gli si rivolta contro. Un tentativo di assassinio da parte dell'agente degli Illuminati Stapps viene sventato dalla vigilanza del generale Rapp.

La campagna russa fu afflitta da problemi di approvvigionamento e dalla mancanza di cibo. Napoleone non si rese conto che si trattava di un sabotaggio deliberato del suo esercito. Fu costretto a ordinare la ritirata da Mosca, durante la quale migliaia di soldati che morivano per le ferite e per il freddo furono fucilati senza pietà dagli agenti di Rothschild che arrivavano alle loro spalle.

La perdita di vite cristiane è stata terribile. La mancata conquista del Papa preoccupava seriamente Napoleone, la cui fiducia stava scemando. Ha osservato che:

> Il Papa avrebbe potuto essere conquistato come ulteriore mezzo per legare le parti federate dell'Impero. Avrei dovuto tenere le mie sessioni religiose oltre a quelle legislative. I miei concili avrebbero costituito i rappresentanti della cristianità, e il successore di San Pietro ne sarebbe stato il presidente.

Troppo tardi, perché Karl Rothschild si era già assicurato che un simile piano non avrebbe avuto successo. Nessuno storico può dire perché Napoleone abbia attaccato la Russia nel 1812. Le teorie abbondano, ma nessuna è valida. Alessandro Ier ha detto a questo proposito:

"Napoleone mi ha fatto la guerra nel modo più odioso e mi ha ingannato nel modo più perfido.

Da parte sua, Napoleone affidò al generale Gourgaud :

Non volevo entrare in guerra con la Russia. Bassano e Champagny [Ministri degli Esteri] mi hanno convinto che la nota della Russia era una dichiarazione di guerra. Pensavo davvero che la Russia volesse la guerra. Quali erano i veri motivi della campagna in Russia? Non lo so, forse l'Imperatore stesso non ne sapeva più di me.

I Rothschild rovinarono Napoleone nella battaglia di Waterloo. Fu tradito dal maresciallo Soult, un uomo con cui aveva stretto amicizia, ma che era al soldo dei Rothschild. Napoleone aveva nominato Soult duca di Dalmazia con uno stipendio di diversi milioni di franchi e lo aveva nominato maresciallo dei loghi. A Waterloo Soult non riuscì a prendere e tenere Genappe, un villaggio importante per ancorare il fianco dell'esercito di Napoleone.

Peggio ancora, il maresciallo Grouchy, che avrebbe dovuto portare i rinforzi, arrivò con 24 ore di ritardo, anche se aveva sentito i cannoni e sapeva che la battaglia era iniziata. Di Soult, Napoleone si lamentò amaramente:

Soult, il mio comandante in seconda a Waterloo, non mi ha aiutato quanto avrebbe potuto... Il suo personale, nonostante i miei ordini, non era organizzato. Soult si scoraggiava facilmente... Soult era inutile. Perché, durante la battaglia, non mantenne l'ordine a Genappe?

Peggio ancora, la mattina della battaglia, un nemico dello staff personale del Corsaro mise nella sua colazione una sostanza che gli procurò un terribile mal di testa. Questo è il potere dei Rothschild e la falsificazione della storia; se non fosse stato per il tradimento e la slealtà commessi contro di lui, Napoleone avrebbe battuto Blücher e Wellington a mani basse. Soult servì bene i suoi padroni, che gli affidarono alcune delle più alte cariche in Francia. L'ipotesi che fosse il padre di Bismarck è stata spesso suggerita, ma mai provata. Un tempo la madre di Bismarck era l'amante di Soult, come confermato dallo stesso Bismarck:

> Non sono stati i miei talenti o le mie capacità a rendermi grande, ma il fatto che mia madre fosse la padrona di Soult [uno dei 300] che mi ha aiutato tutti.

Bismarck fu "fabbricato" dai Rothschild attraverso la famiglia Menken. Suo padre, William, aveva sposato una certa Louise Menken, che secondo il conte Cherep-Spiridovich era ebrea. Il maresciallo Soult, che tradì Napoleone a Waterloo, fu membro del Comitato dei 300, che ricoprì la massima carica in Francia fino alla sua morte.

Soult era spesso presente nella residenza di campagna di Guglielmo Bismarck ed era considerato il padre del giovane Bismarck. Fu questa "presa" sulla madre di Bismarck a tenere il giovane Bismarck sotto il controllo di James Rothschild. Nel 1833, Bismarck si trovò in difficoltà e rischiò di perdere le sue proprietà. Attraverso Disraeli, James Rothschild strinse amicizia con il giovane Bismarck e cercò di farne un futuro leader "conservatore" dell'Europa. Oscar Arnim, membro del Reichstag, sposò la sorella di Bismarck, Malian.

Dopo il matrimonio, Bismarck fu totalmente sotto la direzione di Lionel Rothschild. Che Bismarck ne fosse consapevole lo rivela una dichiarazione rilasciata da Walter Rathenau nel 1871:

> A coloro che si ostinavano a trattare Bismarck come un grande genio politico, un uomo del destino, segnato, come Napoleone, dal sigillo di una tragica predestinazione, Bismarck ripeteva che non credeva nei grandi uomini provvidenziali; che, secondo la sua convinzione, le celebrità politiche dovevano la loro fama, se non al caso, almeno a circostanze che essi stessi non potevano prevedere.

CAPITOLO 8

Bismarck rivela l'"altopiano finanziario che domina l'Europa".

B ismarck sapeva certamente che la guerra civile americana era fomentata da quelle che lui chiamava "le grandi potenze finanziarie europee". Ciò è confermato dal notevole resoconto di Conrad Siem pubblicato su *La Vieille France*, N 216, nel marzo 1921.

Secondo Siem, nel 1876 Bismarck gli parlò della guerra civile:

> La divisione degli Stati Uniti in due federazioni era stata decisa molto prima della Guerra Civile dalle grandi potenze finanziarie europee. Questi banchieri temevano che se gli Stati Uniti fossero rimasti un blocco unico e una sola nazione, avrebbero raggiunto un'indipendenza economica e finanziaria che avrebbe sconvolto il loro dominio sul mondo. La voce dei Rothschild predomina.

> Essi vedevano un enorme bottino se avessero sostituito due deboli democrazie a loro asservite con una Repubblica vigorosa, fiduciosa e autonoma.

> Lincoln non sospettò mai queste macchinazioni sotterranee. Era un uomo antischiavista e fu eletto come tale. Ma il suo carattere gli impediva di essere un uomo di un solo partito. Quando ebbe in mano l'affare, si rese conto che quei sinistri finanzieri d'Europa, i Rothschild, volevano fare di lui l'esecutore dei loro disegni. Hanno reso imminente la rottura tra Nord e Sud! I padroni della finanza in Europa hanno reso definitiva questa frattura per sfruttarla al massimo...

> La personalità di Lincoln li sorprese. Pensavano di poter ingannare facilmente il candidato boscaiolo. La sua candidatura non li preoccupava. Ma Lincoln si rese conto delle loro trame e

ben presto capì che non era il Sud il peggior nemico, ma i finanziatori. Non confidò i suoi dubbi; osservò i movimenti della Mano Nascosta. Non voleva esporre pubblicamente ciò che avrebbe potuto confondere le masse ignoranti.

Decise di eliminare i banchieri internazionali istituendo un sistema di prestiti che permettesse agli Stati di prendere in prestito direttamente dal popolo senza intermediari.

Non ha studiato finanza, ma il suo robusto buon senso gli ha fatto capire che la fonte di ogni ricchezza risiede nel lavoro e nell'economia della nazione. Si è opposto all'emissione di banconote da parte dei Finanzieri Internazionali. Ottenne dal Congresso il diritto di prendere in prestito dal popolo vendendogli le obbligazioni degli Stati.

Le banche locali furono ben felici di aiutare questo sistema e il governo e il popolo sfuggirono alle trame dei finanzieri stranieri. Capirono subito che gli Stati Uniti sarebbero sfuggiti alla loro presa. La morte di Lincoln è stata risolta. Non c'è niente di più facile che trovare un fanatico deciso a colpire. La morte di Lincoln è un disastro per il cristianesimo.

Negli Stati Uniti non c'era un uomo abbastanza grande per indossare i suoi stivali. I finanzieri internazionali sono di nuovo a caccia della ricchezza mondiale. Temo che con le loro banche, la loro astuzia e i loro trucchi subdoli - abbiano il controllo completo dell'esuberante ricchezza americana e la stiano usando per corrompere sistematicamente la civiltà moderna. Temo che non esiteranno a far precipitare l'intera cristianità nella guerra e nel caos, in modo che la terra diventi la loro eredità.

(Vorrei ribadire che la preparazione di questo libro ha comportato dieci mesi di intense ricerche su questo particolare argomento presso il British Museum. I libri le cui fonti sono citate, come *Talks With Napoleon at St. Helena* e *Propaganda in the Next War* e le opere di John Reeves - e molti altri citati - potrebbero non essere più disponibili).

La Russia suscitò un odio particolare tra i Rothschild, che si misero contro la famiglia Romanov. La figlia di Tiesenhaus, un importante storico tedesco, scrisse di condividere la diffidenza del padre nei confronti dello zar:

... Ma dopo averlo incontrato, come molti altri, rimase colpita dalla franchezza, dall'energia e dalla nobiltà di carattere di Alessandro. Questa impressione si trasformò in un'amicizia leale e devota (Imperatore Alessandro - Mme de Choiseul-Guffress)

Secondo il conte Cherep-Spiridovich, Nathan Rothschild cercò di fomentare una rivoluzione in Russia, ma fallì, e Lionel confessò a Disraeli che la si stava preparando in Germania:

"I migliori agenti di James Rothschild III furono mobilitati contro lo zar Nicola I per provocare una guerra su Crimea, ma non riuscirono a vincere, quindi avvelenarono Nicola I nel 1855". (Documenti del British Museum, Mano nascosta, pag. 119)

In questi eventi epocali Disraeli ebbe un ruolo importante, sia come "confessore" che come consigliere dei Rothschild. Il modo in cui i Rothschild presero il controllo di Maria Luisa è raccontato dalla signora Edith E. Cuthell nel suo libro *"Una vittima imperiale"*: nel dicembre 1827, Maria Luisa, vedova di Napoleone Ier, ottenne un prestito di dieci milioni di franchi dai Rothschild.

Il 22 febbraio 1829 perse il marito, il conte Neipperg, il che rimane un mistero per tutti gli storici.

Il principe Metternich, che era stato un semplice "impiegato" di Salomon Rothschild di Vienna, disse a Bombelles, un altro protetto di Rothschild, che voleva un uomo in grado di guidare il carattere debole di Maria Luisa. Bombelles divenne il confidente di Maria Luisa e in seguito la sposò.

I Rothschild avevano ora il controllo completo della vedova di Napoleone attraverso Bombelles, che aveva conquistato il suo cuore quando era ancora contessa Niepperg.

Secondo lo scrittore Edmond Rostand, Bombelles era estremamente bello. La signora E.E. Cuthwell ha descritto le Bombelle come segue

Ha ancora più ambizione. Con la sua voce soave sussurrava alle orecchie delle donne. Bombelles voleva sposare una certa Miss

Cavanaugh, che aveva soldi. Ha raggiunto il suo obiettivo. Sua moglie è morta, lasciandogli il suo cuore in una custodia di piombo. L'ha seppellito. Un anno dopo ebbe una passione disperata per un'altra ricca ereditiera, che lo rifiutò (*Una vittima imperiale*, pagina 321).

Dopo la morte di Maria, Louise Bombelles fu nominata controllore dell'imperatore austriaco.

A Parma circolò e continuò a circolare la voce che fosse morta per avvelenamento (pag. 373).

Il conte Cherep-Spiridovich racconta ciò che seguì:

Bombelles, sostenuto da Salomon e dal suo impiegato Metternich, fu nominato "educatore" del futuro imperatore d'Austria, Francesco Giuseppe. Bombelles fu l'artefice della più terribile slealtà, bassezza e crudeltà austriaca, che iniziò a stupire il mondo a partire dal 1848, quando Francesco Giuseppe, appena diciottenne, divenne imperatore de jure, e Bombelles fu il "potere dietro il trono" che riceveva ed eseguiva gli ordini di Rothschild. Il loro primo atto fu quello di tradire la parola data a Nicola Ier che pose come condizione "sine qua non" la concessione della clemenza al generale ungherese Sheezeny e alle sue truppe. Francesco Giuseppe li strangolò, non appena le truppe russe lasciarono l'Austria. (*La mano nascosta*, pagina 123)

I Rothschild non erano solo prestatori di denaro, ma anche speculatori. Il loro maggiore interesse era la costruzione delle ferrovie d'Europa e della Russia, di cui si impadronirono e che mantennero. In un resoconto di questo sforzo contenuto nelle carte del British Museum, James Rothschild costrinse la Francia ad accettare il finanziamento della sua Ferrovia del Nord:

Il governo si è assunto l'onere di spendere 100 milioni di franchi per costruire la piattaforma. James accettò di spendere 60 milioni fornendo carri, ecc.

Per 40 anni ha ricevuto 17 milioni all'anno come reddito, cioè 620 milioni di interessi più il capitale di 60 milioni. In questa impresa i Rothschild utilizzarono 60 milioni di denaro dei loro depositanti per i quali pagarono un interesse del 4%, cioè 2.400.000 all'anno, ottenendo così 14.600.000 franchi all'anno per la loro firma. Il *Journal des Débats*, per ingannare la nazione, nel luglio 1843 affermò che Rothschild era in rovina. La stampa francese svolgeva il ruolo di agente provocatore già cinquant'anni prima dello scandalo di Panama. I Rothschild desideravano a tutti i costi la ricca preda delle ferrovie. Per un certo periodo, il governo francese ha attraversato un periodo di onestà e ha avuto la temerarietà di frenare la loro predazione.

Nel 1838, il signor Martin della Northern Railway propose al Parlamento una rete di ferrovie da costruire da parte dello Stato. Se il piano di Martin, basato sui due pilastri del monopolio bancario e dei trasporti, fosse stato approvato dal Parlamento, il feudalesimo finanziario sarebbe stato ucciso fin dall'inizio. Ma i Rothschild, attraverso la stampa che controllavano, trovarono il modo di acquisire le ferrovie. Nel 1840 le linee occidentali e meridionali furono concesse ai Rothschild e ai Fould.

(I Fould erano banchieri internazionali strategicamente collocati in Francia per eseguire gli ordini dei Rothschild). Nel 1845 tutte le linee principali erano di proprietà di queste due compagnie. Uno dei giornalisti più incisivi sui Rothschild è stato John Reeves, autore del libro *The Rothschild - The Financial Rulers of Nations*. I seguenti commenti tratti dal libro dimostrano quanto Reeves sia stato incisivo nello squarciare la cortina di mistero che circonda i Rothschild, e le sue osservazioni su Nathan Rothschild non sono forse seconde a nessuno:

> L'ammontare della fortuna che ha lasciato è sempre rimasto un segreto. L'attività doveva essere gestita dai quattro figli in collaborazione con gli zii all'estero. A ciascuna delle sue figlie lasciò 500.000 dollari, che sarebbero stati confiscati se si fossero sposate senza il consenso della madre e dei fratelli.

> Non ci furono lasciti ai suoi dipendenti o lasciti di beneficenza. ...la prima volta che Nathan aiutò il governo inglese fu nel 1819, quando accese un prestito di 60 milioni di dollari. Dal 1818 al 1832, Nathan emise otto prestiti per un importo di 105.400.000 dollari.

> Con la Spagna, o con gli Stati sudamericani che un tempo avevano riconosciuto la bandiera spagnola, non avrebbe mai avuto nulla a che fare. La spiegazione di alcuni storici è che ciò sia avvenuto a causa dell'Inquisizione spagnola. Una delle cause

del suo successo era la politica tortuosa con cui ingannava chi lo osservava.

Nel 1831, Nathan Mayer assunse il controllo delle miniere di mercurio di Idria, in Austria, e contemporaneamente delle miniere simili di Almadena, in Spagna. Così, tutto il mercurio, indispensabile come medicina, era nelle sue mani, ed egli raddoppiò e triplicò il prezzo. Questo ha avuto conseguenze terribili per i malati e i sofferenti di tutte le nazioni...

Un altro accurato cronista dei Rothschild è il signor Martin, il cui libro *Storie di banche e banchieri* fornisce alcuni fatti interessanti. Nathan non pagava mai ai suoi dipendenti un centesimo in più di quanto fosse necessario per il loro sostentamento, o almeno non un centesimo in più di quanto lo costringessero a pagare.

Scrivendo di Lionel Rothschild, Reeves ha fatto i seguenti commenti nel suo libro, alle pagine 205-207:

> Lionel si concentrò esclusivamente sul consolidamento della sua immensa fortuna. Una grande cautela contraddistingueva le sue imprese. Lionel era particolarmente attivo nella negoziazione di prestiti esteri, in quanto questa attività lucrativa e relativamente priva di rischi era quella che preferiva a tutte le altre. Durante la sua vita, la sua società si interessò all'emissione di ben diciotto titoli di Stato, per un totale di settecento milioni di dollari. Entrare nei dettagli di queste transazioni sarebbe come tracciare la storia finanziaria dell'Europa.

Per capire come i Rothschild abbiano prosperato, soprattutto nella loro particolare area di competenza, ovvero il prestito di denaro ai governi in Europa e nel mondo, ho esaminato il lavoro di John Reeves, il cui libro abbiamo spesso citato e al quale continueremo a fare riferimento nel resto di questo libro, nonché le fonti contenute nelle carte del British Museum.

CAPITOLO 9

Un aspetto molto trascurato della schiavitù negra in America

Prima de passare all'aspetto del successo del prestito di denaro in America, come praticato dai Rothschild, affronterò la questione della schiavitù che è emersa negli ultimi anni. Alcuni sostengono che i discendenti dei neri dovrebbero essere risarciti per le privazioni subite dai loro antenati.

Si tratta di una questione importante, visto che i Rothschild hanno usato la schiavitù come pretesto per fomentare la guerra civile americana. Si dice che l'idea sia nata da Benjamin Disraeli, Lionel e James, seduti a cena dopo il matrimonio della figlia di Lionel, per il quale tutti i Rothschild si erano riuniti a Londra. Secondo il conte Cherep-Spiridovich:

> ... I Rothschild hanno pianificato e deliberatamente provocato la guerra civile americana.

Sebbene i conflitti tra Sud e Nord esistessero già dal 1812, la guerra non sarebbe mai avvenuta senza la mano nascosta dei Rothschild.

Manipolando e infiammando le passioni, il conflitto divenne un motivo di guerra, anche se il Sud cominciò a rendersi conto che la schiavitù non era economicamente vantaggiosa.

La schiavitù non avrebbe mai dovuto essere permessa negli Stati Uniti, ma purtroppo lo è stata. Esistono diversi tipi di schiavitù. In Europa, i poveri vivevano nella schiavitù della povertà e del degrado della loro condizione. In Inghilterra e in Irlanda è stata più o meno la stessa storia . I poveri vivevano in condizioni terribili. I loro figli furono arruolati nelle forze armate e milioni di persone persero la vita.

I generali britannici, in particolare Lord Douglas Haig, erano noti per la loro mancanza di preoccupazione per le pesanti perdite subite. In Irlanda, milioni di persone sono morte di fame. Sebbene la schiavitù avrebbe dovuto essere universalmente condannata, fu comunque tollerata in America, ma in termini comparativi le classi più povere in Europa, Irlanda e Inghilterra soffrirono quanto gli schiavi in America.

Di tanto in tanto veniva chiesto se gli schiavi d'America sarebbero stati disposti a cambiare la loro condizione con quella degli schiavi d'Irlanda e d'Inghilterra. Ma la mano nascosta dei quaccheri e degli "abolizionisti" continuò a battere il tamburo della calunnia contro il Sud fino a quando i diavoli, che avevano inventato l'intera questione della schiavitù per farla esplodere, ebbero la meglio.

Gli schiavi neri in America non erano generalmente sottoposti a condizioni così terribili. Così, quando esaminiamo le descrizioni a volte esagerate della schiavitù in America, scritte, predicate ed esposte dagli abolizionisti e dai quaccheri, dobbiamo ammettere, se siamo imparziali, che in termini comparativi gli schiavi neri americani erano trattati molto meglio dei poveri in Europa e in Gran Bretagna:

> All'inizio del XIXe secolo, la Gran Bretagna, a causa dei falsi principi di governo, della cultura ignorante e cieca del commercio e dell'industria, aveva l'aspetto di uno Stato spinto agli estremi più opposti e contraddittori.
>
> Vantando la costituzione più libera d'Europa, l'Inghilterra nascondeva tuttavia la più grande tirannia; possedendo ricchezze illimitate, lasciava che i poveri contadini irlandesi morissero di fame, mentre le privazioni e le angosce tra le classi lavoratrici erano così grandi e indescrivibili da minacciare di sfociare in sommosse e ribellioni.
>
> Le difficoltà subite dalle classi più povere sono state aggravate dallo stato vergognoso del nostro sistema politico. La moralità

era bassa, la corruzione e gli intrighi erano all'ordine del giorno. I pensieri di tutti erano rivolti al totale oblio delle sofferenze altrui.

La corruzione era così diffusa da minacciare l'indipendenza della Corona e delle circoscrizioni. (Sir William Molesworth)

Nel 1797 le banche inglesi si trovarono in grave imbarazzo, soprattutto a causa delle richieste del governo, che prendeva in prestito milioni ogni anno per la guerra e per sostenere con sussidi metà delle potenze continentali. (John Reeves, *I Rothschild*, pag. 162)

Sembra che nemmeno i Rothschild potessero credere alla loro fortuna. Il personaggio, "Sidonia", creato da Disraeli nel suo romanzo *Coningsby* e basato in realtà su Nathan Rothschild, ha detto:

Può esserci qualcosa di più assurdo che una nazione si rivolga a un individuo per mantenere il suo credito, e con il suo credito, la sua esistenza come impero? (Pag. 248)

Questa frase descrive molto accuratamente i banchieri Rothschild e la loro influenza sul governo britannico attraverso grandi prestiti.

Non c'è da stupirsi che il presidente Garfield abbia detto una volta: Chi controlla il denaro controlla questa nazione. I figli dei Rothschild hanno continuato questa tradizione. Ad esempio, Lionel Rothschild finanziò il progetto del Canale di Suez del governo britannico. È più che probabile che senza il sostegno finanziario di Lionel il Canale di Suez non sarebbe stato scavato.

Fu Lionel Rothschild a versare i 20 milioni di dollari che il governo britannico pagò per la terra acquistata dal Khedive. Ma come in tutte le loro imprese, Lionel pretese e ottenne un alto ritorno, 500.000 sterline per alcune sponsorizzazioni che richiedevano solo poche ore del suo tempo.

Molto prima, Mayer Amschel ritenne che sarebbe stato vantaggioso per i Rothschild inviare suo figlio Nathan in Inghilterra, dove si stabilì a Manchester. Secondo Sir Thomas Buxton, il motivo per cui Amschel scelse di mandare Nathan a vivere a Manchester è già stato parzialmente spiegato in questo libro.

Nel 1789 molti produttori inglesi inviarono un uomo a Francoforte per offrire le loro merci. Il trucco dei Rothschild consisteva nel trattenerlo a lungo per poi affidargli la commessa più importante per la Germania.

Nel frattempo, Nathan fu inviato a Manchester, dove acquistò tutto il cotone e le tinture disponibili. Quando il rappresentante tornò a Manchester con gli ordini, i produttori dovettero rivolgersi a Nathan per questi materiali e lui li fece pagare il triplo e si rifiutò persino di vendere la merce, costringendoli a pagare enormi "danni" a suo padre. Poi portava il cotone e i coloranti ai produttori che li avrebbero realizzati per lui al prezzo più basso. Questo trucco di base ha rovinato molte persone a Manchester.

Questo saccheggio indignò tutta Manchester. Nathan, spaventato, fuggì a Londra, dove la Borsa di Londra offriva un campo più ampio per le sue abilità di sfruttamento. Negli anni successivi, nessuno dei membri della Borsa poté vantarsi, come Nathan, di aver moltiplicato il proprio capitale per 2.500 nel giro di cinque anni (John Reeves, *The Rothschilds*, pagina 167).

Un'altra ragione per cui Nathan si recò improvvisamente a Londra è data dai documenti citati nel British Museum:

> Il motivo è anche che Guglielmo IX d'Assia-Cassel (1785-1821) fu convinto da Amschel a trasferire i suoi affari a Londra dalla banca di van Notten alle mani di Nathan. Naturalmente, "accidentalmente" un'intera banda di Illuminati di Francoforte accompagnò Nathan a Londra per cercare di fare la stessa cosa, ma gli inglesi erano troppo intelligenti per farsi ingannare.

> Quando la Francia invase la Germania, Guglielmo IX [ora Elettore] diede ad Amschel 3.000.000 di dollari, che inviò a Nathan a Londra per evitare che cadessero nelle mani di Napoleone. A quel tempo la Compagnia delle Indie aveva 4 milioni di dollari in oro. Nathan l'ha comprata e ha aumentato il prezzo. Ha conquistato l'oro a Londra. Questo accordo è continuato e ancora oggi N.M. Rothschild fissa il prezzo dell'oro ogni giorno, ogni mattina, e il "fixing" di Rothschild è accettato

come prezzo "ufficiale" dell'oro in tutto il mondo. [2]

Sapeva che il Duca di Wellington ne aveva bisogno. Nathan acquistò anche le banconote del Duca con un forte sconto. Il governo chiese a Nathan di prestargli il suo oro e lui lo trasferì in Portogallo. Nathan prestò il suo oro, che gli fu restituito, ma pretese che le banconote del Duca fossero restituite al loro intero valore. Questo gli ha fatto guadagnare il 50%. Poi prestò nuovamente il suo oro al 15%, lo ricevette indietro e lo trasportò in Portogallo con un'enorme commissione.

Il Duca aveva bisogno di quest'oro per pagare i fornitori del suo esercito, che erano tutti ebrei portoghesi, spagnoli e olandesi . Così, non una sola libbra d'oro fu ricevuta da Wellington, ma solo ordini agli agenti di Nathan in Portogallo, che venivano pagati da Rothschild a Francoforte. Questa operazione ha fruttato il 100% a Nathan. In questo modo i Rothschild trassero profitti colossali dal denaro del Landgravio, tenendolo tutto per sé (Maria O'Grady e John Reeves).

Come ho detto prima, i discendenti di Mayer Amschel sono diventati gli uomini più potenti del mondo. L'esempio, forse più di ogni altro, che segna la verità di questa osservazione è la storia di come James Rothschild sconfisse Nicola Ier di Russia. Si rivolse al rivoluzionario russo Hertzen:

Il famoso scrittore Alexander Hertzen, uno dei pionieri (fomentatori) del movimento rivoluzionario russo, fu costretto a lasciare il Paese. (In realtà, è stato costretto a fuggire dalla Russia solo poche ore prima della polizia). Arrivò a Londra, dove fondò un giornale russo chiamato *The Bell*. Hertzen, tuttavia, era un uomo ricco che, prima di andare in esilio, aveva convertito i suoi beni in titoli di Stato. Il governo russo conosceva i numeri delle obbligazioni di Hertzen e, quando furono presentate per il pagamento all'arrivo dell'esule a Londra, Nicola Ier, sperando di schiacciare il suo nemico, ordinò alla banca governativa di San Pietroburgo di rifiutare il

---

[2] I Rothschild si sono ritirati dal fixing giornaliero dal 2004.

pagamento.

La Banca naturalmente si adeguò. Ma fortunatamente per Hertzen, trovò un importante sostenitore nell'anziano Rothschild. Quest'ultimo informò lo zar che, poiché i titoli di Hertzen erano buoni come tutti gli altri titoli russi, era costretto a concludere a malincuore che il governo russo era insolvente.

Se le obbligazioni non fossero state pagate immediatamente, avrebbe dichiarato la bancarotta dello zar su tutti i mercati monetari europei. Nicholas è stato sconfitto. Si mise in tasca l'orgoglio e pagò le obbligazioni. Lo stesso Hertzen racconta la storia in *The Bell* con il titolo "King Rothschild and Emperor Nicholas Ier " (*The Fortnightly Review*, di A.S. Rappaport, pagina 655).

Queste storie mostrano come la leggenda secondo cui Amschel Rothschild avrebbe fatto i soldi come banco dei pegni si stia sgretolando di fronte alla realtà, eppure persiste il mito che il banco dei pegni sia stato la fonte della ricchezza di Rothschild. Si può ora sostenere che questa affermazione ha poca o nessuna consistenza.

Riferendosi a Lionel con il nome fittizio di "Sidonia", Disraeli fornì molti indizi sulla vera personalità del suo maestro:

"Era impossibile penetrare. La sua franchezza era strettamente limitata alla superficie. Osservava tutto, anche se con troppa cautela, ma evitava di discutere seriamente. Era un uomo senza affetto".

Secondo John Reeves:

... I fratelli Rothschild, pienamente consapevoli delle sue superiori capacità intellettuali, riconobbero subito Nathan Mayer come il più adatto a dirigere tutte le loro importanti transazioni. (*I Rothschild*, pagina 64)

Tra le tante curiosità che ho scoperto al British Museum di Londra, una delle più interessanti è la storia dei fondatori di quella che sarebbe diventata una delle più grandi macchine di propaganda che il mondo abbia mai conosciuto. Mi riferisco al Tavistock Institute for Human Relations, che è diventato il principale think tank per il lavaggio del cervello dell'élite al potere in Gran Bretagna. Il Tavistock Institute è cresciuto fino a diventare un'organizzazione enorme, che ora domina gli Stati Uniti e la Gran Bretagna. Questa vasta organizzazione ha avuto inizio nel 1914 a Wellington House, a Londra, allo scoppio della Prima guerra mondiale.

Organizzare una macchina di propaganda che convincesse un popolo britannico riluttante a considerare la guerra con la Germania come necessaria per la sopravvivenza dello stile di vita britannico non era un compito facile, perché all'epoca la maggioranza della popolazione non voleva la guerra con la Germania ed era fortemente contraria. Lord Northcliffe e Lord Rothmere erano responsabili dell'impresa di propaganda. In effetti, entrambi gli uomini erano direttamente imparentati con i Rothschild per matrimonio.

Una delle tre figlie di Nathan Rothschild II fu Charlotte, nata nel 1807, che sposò suo cugino Anselm Salomon, figlio di Salomon, il secondo figlio di Amschel e Caroline Stern degli Stern di Francoforte. Gli Stern erano direttamente imparentati con gli Harmsworth d'Inghilterra, uno dei quali divenne "Lord Northcliffe" e l'altro "Lord Rothmere".

Per maggiori dettagli sul Tavistock Institute, leggere: *Il Tavistock Institute of Human Relations*.

Jacob (James) Rothschild era senza dubbio l'uomo più importante in Francia, avendo dato la possibilità a molti politici e leader francesi di entrare in contatto con loro. Ha fatto molta strada dal ragazzo di tredici anni che non andava quasi mai a scuola, ma che accompagnava il padre Mayer Amschel nei suoi numerosi viaggi attraverso la Germania.

Qui viene esposto alle restrizioni imposte agli ebrei che viaggiano attraverso i confini dei principati, costretti a pagare ogni volta una Liebzoll, una tassa sulla testa. James aveva sempre voluto lasciare Francoforte e seguire il fratello Nathan a Londra, ma Amschel lo mandò a Parigi. Nel marzo 1811 lascia Francoforte per Parigi. Il suo arrivo a Parigi non passò inosservato al Ministro delle Finanze Mollien che lo segnalò a

Napoleone:

> Un uomo di Francoforte che ora si trova a Parigi e che si fa chiamare Rotschild (sic) si occupa principalmente di portare ghinee dalla costa inglese a Dunkerque.

François-Nicholas Comte Mollien fu il principale consigliere di Napoleone e ricoprì la carica di ministro delle Finanze dal 1806 al 1814.

L'arrivo di James deve essere stato un evento significativo per Napoleone, che non poteva sapere quale ruolo importante James Rothschild avrebbe giocato nella sua caduta. Naturalmente, i Rothschild non erano impegnati solo nel contrabbando, anche se questa era un'attività diffusa e redditizia per loro. Quando gli inglesi bloccarono la Francia, Mayer Amschel vide una rara opportunità di fare fortuna, e lo fece, con l'oro.

> A ventidue anni, James era un giovane poco attraente e dai modi quasi servili. Alcuni dei suoi contemporanei non erano così amabili. Castellane, che con Mirabeau e Clément-Tonnerrre formava l'alta nobiltà di Parigi, trovava Giacomo spaventosamente brutto, anche se era l'Adone dei Rothschild.
> (*Barone James*, Anka Muhlstein, pagina 61)

Altri sono stati ancora più severi:

> Un volto mostruoso, il più piatto, il più appiattito, il più spaventoso dei volti batraci, con gli occhi iniettati di sangue, le palpebre gonfie e la bocca bavosa spaccata come un salvadanaio, una specie di satrapo d'oro, ecco Rothschild (Goncourts, *Journal* Paris 1854 Vol. Ill, 7).

James salpò per Parigi nel 1814, quando chiese al Tribunale di Commercio di registrare la sua banca.

In precedenza, aveva agito solo come rappresentante della "sede centrale" di Francoforte. Questo non altera il forte legame tra lui, Londra e Francoforte, ma lo formalizza e gli conferisce uno status più importante a Parigi. Ora si occupa di riscossione di imposte per il Tesoro francese e di prestiti di denaro su larga scala.

Quando le fortune del Re cambiarono, e fino alla Restaurazione (i 100 giorni di Napoleone), indipendentemente da chi fosse al timone degli affari, tutti erano in debito con James Rothschild.

Sembrava in grado di cambiare schieramento senza perdere un briciolo di faccia o di influenza.

La caduta di Napoleone a Waterloo, orchestrata da suo fratello Nathan da Londra, si tradusse in un rapporto altamente redditizio con il re Luigi, il cui ritorno al potere fu reso possibile dai Rothschild che prestarono i capitali necessari. L'indebolimento di Napoleone e del suo governo fu opera dei Rothschild, che ora traevano vantaggio dalla fortuna della Restaurazione.

L'antipatia appena celata di Napoleone nei confronti degli ebrei contribuì alla sua caduta. I Rothschild avevano vissuto nella paura di Napoleone dopo che questi si era rifiutato di attaccare i re e le nazioni cristiane. Con il ritorno della pace, il credito bancario divenne la più grande e migliore opportunità di guadagno e i Rothschild la sfruttarono al massimo.

CAPITOLO 10

Nathan Rothschild bilancia il debito francese

Il governo francese aveva bisogno di pagare le indennità di guerra e per farlo doveva chiedere un prestito. Prestando a Luigi XVIII il denaro necessario per un ritorno trionfale ma dignitoso, Nathan Rothschild assicurò a Giacomo un "posto al sole". Si dice che la somma di denaro sia di 5 milioni di franchi.

Fedele agli insegnamenti del vecchio Mayer Amschel, Nathan non fece nulla senza qualcosa. Il suo piano per il prestito consisteva nel costringere il re ad aprire le porte affinché Jacques potesse entrare nelle alte sfere della società, con a capo il duca di Richelieu, primo ministro di Parigi.

All'inizio Richelieu resistette, ma non aveva idea dell'insistenza di Nathan. Forti pressioni furono esercitate su di lui dal marchese di Osmond, ambasciatore francese a Londra, e dal conte Esterhazy, ambasciatore austriaco, entrambi fortemente indebitati con Nathan. Alla fine, sebbene estremamente irritato da queste pressioni sconvenienti, de Richelieu accettò di ricevere Giacomo. Le cose non si sono fermate lì.

Poi James si mise in tasca il capo della polizia di Decazes con "informazioni speciali", che provenivano dalla famiglia tedesca von Thurn and Taxis, che deteneva il contratto postale. Si limitavano ad aprire la posta di interesse per i Rothschild e a trasmetterne il contenuto a James a Parigi, Nathan a Londra o Mayer a Francoforte. È interessante notare che la famiglia von Turn e Taxis faceva parte del Comitato dei 300. C'era un doppio vantaggio nel dare le informazioni così ottenute a Decazes piuttosto che a de Richelieu, al quale sarebbero dovute andare. In cambio, Decazes teneva informato Giacomo di qualsiasi movimento antiebraico o intrigo politico diretto contro la sua banca.

Man mano che la sua cerchia di persone importanti si allargava, Jacques decise che aveva bisogno di una casa più adatta al suo status, dove poter intrattenere con lo stile sontuoso che ci si aspettava da lui. Trovò una casa del genere in un'antica dimora della regina Hortense in Rue La Fitte, appartenuta a un banchiere parigino di nome Laborde, vittima della ghigliottina nel 1794. Hortense, figlia dell'imperatrice Giuseppina, era diventata regina d'Olanda dopo aver sposato il fratello di Napoleone, Luigi.

Il restauro e la ristrutturazione della casa costarono a James una fortuna: secondo alcune stime, i conti ammontavano a più di tre milioni di franchi. Quando fu completata nel 1834, divenne la chiacchiera della città.

Heinrich Heine, il filosofo ebreo-comunista tedesco, il duca d'Orléans e il principe Leopoldo di Coburgo erano ospiti frequenti delle feste sfarzose di Giacomo.

Quando il principe Metternich e il suo seguito, tra cui il brillante prussiano Friedrich von Gentz, che godeva della fiducia del grande uomo, giunsero a Parigi, Giacomo diede una festa che rivaleggiava con qualsiasi cosa vista a Parigi dal ritorno del re. Persino il potente Duca di Wellington non osò rifiutare un invito da parte di Giacomo in occasione della sua visita a Parigi.

James fece da mecenate a von Gentz e giocò sul suo debole per le donne, molte donne, fornendo a von Gentz il denaro di cui aveva bisogno attraverso "condizioni facili", come si dice oggi. Von Gentz ottenne tutte le donne che poteva gestire, oltre a molti altri lussi che fino ad allora non aveva potuto permettersi. È così che James è diventato il "proprietario" di von Gentz.

> Il palazzo di Giacomo divenne una calamita per tutti i tipi di politici, soprattutto per i comunisti e i socialisti di larghe vedute . Uno di loro, Ludwig Borne, è un forte sostenitore dell'idea che tutti i re d'Europa debbano essere detronizzati e sostituiti da

Giacomo, ad eccezione di Luigi Filippo che sarà incoronato a Parigi, in modo che la cerimonia di incoronazione non sia condotta dal Papa, ma da James Rothschild (*Notre Dame de la Bourse*, 22 gennaio 1832).

Come accennato in precedenza, uno degli individui sponsorizzati da James Rothschild era Heinrich Heine, il poeta tedesco che aveva abbandonato la sua patria e si era trasferito a Parigi, non si sa se per essere vicino a Rothschild o per motivi politici. Heine era un comunista dichiarato e molto probabilmente era nella lista dei sovversivi della polizia tedesca, il che potrebbe essere una delle ragioni per cui si trasferì a Parigi. Rothschild aiutò Heine in innumerevoli modi, non ultimo dal punto di vista finanziario. Heine percepì James come un rivoluzionario e lo lodò per essere stato "uno dei primi a percepire il valore di Crémieux"... Herr von Rothschild è stato l'unico a scoprire Émile Pereire, il Pontifex Maximus delle ferrovie (Olivia Maria O'Grady)

Questo non è del tutto vero, come ho scoperto esaminando l'aspetto del profitto che ha portato James a investire nella nuova moda. Pereira era un giovane ebreo sefardita assunto da James per supervisionare i lavori di costruzione quotidiani. In tutto questo, James e Nathan non si sono allontanati molto dai trucchi del mestiere insegnati loro da Mayer Amschel, ovvero non perdere mai di vista l'obiettivo che il denaro è tutto.

Un contratto in particolare, uno dei tanti offerti a James e Nathan, era quello di agenti ufficiali per effettuare i pagamenti alle truppe austriache di stanza a Colmar, in Alsazia. I Rothschild si aggiudicarono l'appalto vendendo meno di tutti i concorrenti . L'attività era rischiosa, in quanto comportava il trasporto di monete attraverso zone infestate dai banditi e richiedeva una costosa assicurazione. Invece di trasportare valuta fisica, James fece in modo che i crediti di Rothschild fossero depositati nelle banche locali e che i soldati pagassero con essi. Avendo eliminato il rischio, James e Nathan hanno potuto intascare commissioni sostanziose.

Questo divenne la base per nuovi affari, poiché il trasferimento di fondi attraverso il continente e verso Londra avveniva in questo modo e i Rothschild ne avevano il monopolio.

Per dare ai lettori un'idea dell'immenso potere esercitato da James, racconto il caso seguente, che divenne una delle sue cause famose e che mostrò fino a dove poteva arrivare il suo forte braccio. Un certo sacerdote, padre Thomas, e il suo servitore sono scomparsi a Damasco nell'aprile del 1840. Si sospettò un omicidio e i sospettati, che erano ebrei, furono arrestati e confessarono l'omicidio.

Il mondo ebraico protestò immediatamente e con veemenza che gli ebrei arrestati erano innocenti e che le loro confessioni erano state ottenute sotto tortura. Giacomo e Salomone esercitarono immediatamente la loro pressione congiunta sul monarca e Salomone sollecitò il principe Metternich d'Austria ad agire.

Il console austriaco von Laurin protestò con Mohammed Ali, riferendo direttamente a James e Salomon le misure adottate. Il console francese a Damasco, tuttavia, trovandosi sul posto, ebbe una visione del tutto diversa dell'omicidio e degli accusati; essendo ovvie le implicazioni politiche, Luigi Filippo non osò rischiare un ingiustificato sostegno ebraico contro i cristiani. La lettera di Giacomo a Salomone è di notevole importanza. Rivela chiaramente i metodi dietro le quinte utilizzati da dai Rothschild per fare pressione sui governi e influenzare l'opinione pubblica:

Purtroppo, i miei sforzi non hanno ancora prodotto i risultati sperati. Il governo sta agendo molto lentamente in questa materia, nonostante la lodevole azione del console austriaco, perché la questione è troppo remota perché l'interesse pubblico sia sufficientemente suscitato. Tutto ciò che sono riuscito a fare finora è, come afferma *il Moniteur* di oggi, far sì che il viceconsole di Alessandria indaghi sulla condotta del console di Damasco.

Si tratta solo di una misura temporanea, poiché il viceconsole è agli ordini del console e non ha l'autorità di chiedere conto al console. In tali circostanze, l'unico mezzo rimasto è il metodo onnipotente di chiedere aiuto ai giornali, per cui oggi abbiamo inviato un resoconto dettagliato basato sui rapporti del Console austriaco ai *Dibattiti* e ad altri giornali, e abbiamo anche fatto in modo che questo resoconto appaia in modo altrettanto dettagliato nell'*Algemene Zeifung* di Augusta.

Avremmo certamente pubblicato le lettere che Herr von Laurin mi ha indirizzato su questo argomento, se non avessimo considerato che ciò poteva essere fatto solo previa autorizzazione di Sua Altezza il Principe von Metternich.

Pertanto, mio caro fratello, convinto come sono che farete volentieri tutto il possibile per questa giusta causa, vi prego di chiedere al Principe, nella sua bontà, di permettere la pubblicazione di queste lettere. I gentili sentimenti di umanità che il Principe ha espresso riguardo a questo triste episodio ci permettono di sperare con fiducia che questa richiesta non venga rifiutata.

Quando avrai ricevuto il permesso desiderato, ti prego, mio caro Solomon, di non pubblicare subito le lettere solo sull'*Osterreicher Beobachter*, ma di essere così gentile da inviarle subito con una breve lettera di accompagnamento all'*Augsburger Zeitung*, in modo che possano raggiungere il pubblico anche con questo mezzo. (*La storia non raccontata*, Conte Cherep-Spiridovich)

Alcuni degli importanti uomini di Stato che i Rothschild avevano sotto il loro controllo cominciarono a preoccuparsi del loro potere e della loro influenza.

Uno di loro era il principe Metternich, che era sotto il controllo di Salomon Rothschild e veniva considerato da quest'ultimo nient'altro che un "valletto" della famiglia Rothschild. Dopo aver barattato gran parte della sovranità austriaca, Metternich cominciò a nutrire seri dubbi:

Per cause naturali che non posso considerare buone o morali, la Casa Rothschild esercita un'influenza di gran lunga maggiore sugli affari francesi rispetto al Ministero degli Esteri di qualsiasi altro Paese, tranne forse l'Inghilterra. La grande forza trainante è il loro denaro. Le persone che sperano nella filantropia e che devono sopprimere tutte le critiche sotto il peso dell'oro ne hanno bisogno in grande quantità. Si affronta apertamente il problema della corruzione, elemento pratico, nel senso più completo del termine, del moderno sistema rappresentativo.

Metternich si rese conto troppo tardi che vendendo l'Austria faceva il gioco dei rivoluzionari internazionali e quando il fuoco rivoluzionario cominciò a divampare , nonostante il suo alto rango e la sua posizione, il principe Metternich dovette fuggire da Vienna con denaro preso in prestito da Salomon Rothschild.

Gli storici dubitano che Metternich abbia mai avuto idea delle forze rivoluzionarie che aveva involontariamente contribuito a scatenare. Secondo i documenti conservati al British Museum, la rivoluzione mondiale entrò nel vivo nel 1848, a partire dalla Sicilia nel gennaio di quell'anno.

> Le grandi città d'Europa sembravano scosse da ondate di eccitazione. Il disturbo si diffuse a Napoli. A Parigi, la bandiera rossa è stata srotolata sulle barricate. I rivoluzionari socialisti guidarono operai e studenti in una sanguinosa rivolta il 22 febbraio 1848, e Guizot si dimise (Olivia Maria O'Grady)

Si dice che James Rothschild sopravvaluti il re Luigi Filippo, pensando che sia simpatico alle idee rivoluzionarie.

Secondo il professor William Langer, Coolidge Professor of History all'Università di Harvard... i repubblicani e altri radicali avevano accettato Luigi Filippo come monarca rivoluzionario solo per scoprire troppo tardi il loro errore.

Questo è sorprendente, perché si dice che James Rothschild fosse un giudice molto accorto, in grado di leggere la scena politica come una mappa stradale. Non possiamo dirlo con certezza, ma il maresciallo Soult, amico intimo di Nathan Rothschild, formò un ministero con il duca de Broglie, Thiers e Guizot, questi ultimi due uomini particolarmente conservatori in politica, quindi potrebbe esserci un collegamento.

Nel 1830, in Italia e in Polonia si manifestarono rivendicazioni operaie ispirate da Marx e dalla sua Internazionale socialista, che non furono accolte dai rispettivi governi. L'agitazione e la violenza radicale continuarono in Francia nel 1831:

> Nel novembre 1831, un'insurrezione operaia su larga scala a Lione fu repressa con difficoltà. Le società segrete si diffusero rapidamente. In virtù della libertà di stampa, il re fu spietatamente attaccato e caricaturato dai giornali radicali, in particolare da Honoré Daumier. Nel 1834 ci furono grandi rivolte a Parigi e Lione, che furono represse con grande severità.

Nel 1845, il radicale Fieschi tentò di assassinare Luigi Filippo, ma il tentativo non andò a buon fine. Successivamente, nel 1836, il re istituì un governo guidato dal suo amico personale, il colonnello Louis Mole, con il leader del centro-destra Guizot; ma quest'ultimo si alleò con il partito di centro-sinistra e rovesciò Mole. (*La storia non raccontata*, John Reeves)

Per continuare con *La storia non raccontata* :

Le attività rivoluzionarie precedenti al 1848 avevano mandato in esilio sul continente uomini come Karl Marx e Frederick Engels, Luigi Napoleone Bonaparte. L'Inghilterra era stata il loro rifugio. Nel 1848 erano tornati sul continente per partecipare alle rivoluzioni. Il 24 febbraio 1848, la Carta, la Costituzione e il regime parlamentare sembrarono terminare bruscamente.

In tutta Parigi non ho visto un solo membro della milizia, un solo soldato, un solo gendarme, un solo membro della polizia. Nel frattempo, il terrore si impadronì di tutte le classi superiori. Non credo che in nessun momento della Rivoluzione (1789-94) sia stato così grande. (Victor Hugo, *Choses vues*, pagina 268)

James si fermò per qualche giorno e fu visto da Feydeau, uno dei membri della Guardia Nazionale:

Verso mezzogiorno vidi due signori, a braccetto, uscire con calma da Rue de la Paix e dirigersi verso le Tuileries. Ho riconosciuto in uno di loro un barone di Rothschild. Mi avvicinai rapidamente a lui. "Monsieur le Baron", dissi, "sembra che non abbiate scelto una giornata molto buona per una passeggiata. Credo sia meglio che tu vada a casa piuttosto che esporti a proiettili che sfrecciano in tutte le direzioni. "

Ma il barone gli assicura che è al sicuro e che c'è bisogno di lui al Ministero delle Finanze. Luigi Napoleone diventerà prima presidente della Francia e poi imperatore; Marx ed Engels contribuiranno a fondare la Lega dei Comunisti, poi, con il fallimento delle rivoluzioni, torneranno in Inghilterra, mentre altri, tra cui Joseph Wedermeyer, emigreranno negli Stati Uniti... (Olivia Maria O'Grady)

Dopo la battaglia di Sedan e la cattura di Napoleone III da parte dei prussiani (settembre 1870), Parigi, ritenendosi il cuore, il cervello e gli altri organi della nazione francese, e il resto della

Francia un'appendice arretrata, primitiva, si potrebbe quasi dire barbara, subì una serie di rivoluzioni (in nome della Francia) che culminarono nella Comune di Parigi del 1871, che servì solo a lasciare la nazione prostrata di fronte al nemico e ad esporla al suo disprezzo. Citazione del professor Langer:

> Tra il 1840 e il 1847, Guizot diventa la figura dominante. Guizot divenne primo ministro nel 1847 e rimase al potere fino al 1848, quando si dimise. I disordini di strada portarono alla Rivoluzione di febbraio.

Continua la storia degli eventi del 1848, basata su carte e documenti del British Museum e de *L'Alliance France-Allemande* e *The Titanic Forces, The Rothschilds* di John Reeves e le storie di Olivia Maria O'Grady:

> A Parigi, la bandiera rossa è stata esposta sulle barricate. I rivoluzionari marxisti guidarono gli operai e gli studenti in una sanguinosa rivolta il 22 febbraio 1848 e Guizot si dimise. Le truppe attaccarono i rivoluzionari sulle barricate, mandando in delirio la popolazione. Il 24, la Guardia Nazionale e i reggimenti di linea caddero nelle mani dei ribelli. Luigi Filippo, all'età di settantaquattro anni, fuggì dal Paese.

> Marx ed Engels sono pronti ad assumere personalmente il comando della rivoluzione... A Marx vengono conferiti pieni poteri rivoluzionari.... Lamartine e Arago chiedono al banchiere ebreo Michael Goudchaux di accettare il portafoglio della finanza rivoluzionaria. Il banchiere accetta. Caussidière, il prefetto delle barricate, chiede a James Rothschild un prestito per pagare i suoi aiutanti rivoluzionari. James si adegua volentieri (pagine 218-219).

Dopo aver descritto come Marx ed Engels si occuparono delle varie fazioni rivoluzionarie e dell'organizzazione della rivolta in Germania, O'Grady scrive:

> All'inizio di aprile Marx ed Engels lasciarono Parigi per la Germania, dove le fiamme della rivoluzione li avevano preceduti. La Santa Alleanza era crollata nel fumo e nelle fiamme di Vienna e il principe Metternich era fuggito dalla città con il denaro preso in prestito da Solomon Rothschild (Pagina 219).

James Rothschild diede a Ledru-Rollin settecentocinquantamila franchi per sostenere la rivoluzione del 1848. Si dice che sia stato costretto a farlo dalla minaccia di Rollin di bruciare il palazzo Rothschild in Rue Lafitte. Durante i tre giorni di scontri di piazza del giugno 1848, Louis Eugène Cavalgnac ne uscì vittorioso. Assunse immediatamente poteri dittatoriali e fu nominato Presidente del Consiglio dei Ministri dall'Assemblea Nazionale. Utilizzando liberamente grandi somme di denaro, Rothschild si avvicinò al nuovo potere francese e si trovò a suo agio con Cavalgnac come con Luigi Filippo. Ben presto si disse che era un buon repubblicano quanto era stato un monarchico.

Il Partito Operaio Francese lo rivendica come uno dei suoi. L'editore del radicale *Tocsin des Travailleurs* scrisse:

Lei è un prodigio, signore! Nonostante la sua maggioranza legale, Luigi Filippo è caduto, Guizot è scomparso, la monarchia costituzionale e i metodi parlamentari sono usciti dalla finestra; ma voi, voi non vi muovete. Dove sono Aragon e Lamartine? Loro sono finiti, ma voi siete sopravvissuti. I principi banchieri sono in liquidazione e i loro uffici sono chiusi.

I grandi capitani d'industria e le compagnie ferroviarie stanno vacillando... Lei è l'unico tra queste rovine a non essere colpito.

Sebbene la vostra Casa abbia sentito la prima scossa di violenza a Parigi, sebbene gli effetti della Rivoluzione vi abbiano inseguito da Napoli a Vienna e a Berlino, siete rimasti imperturbabili di fronte a un movimento che interessava tutta l'Europa. La ricchezza svanisce, la gloria è umiliata, il dominio è spezzato, ma l'ebreo, il monarca del nostro tempo, ha conservato il suo trono.

La Comune di Parigi fu il primo governo comunista in Europa. A proposito dei Rothschild, O'Grady scrive:

Il loro favoloso controllo di quantità illimitate di denaro ha abbattuto tutte le barriere per i Rothschild. L'abbaglio della grande ricchezza aumentava il loro prestigio sociale ovunque. I potenti, i grandi re, i principi e le celebrità cercavano il loro favore.

Costruivano palazzi e intrattenevano la "brava gente" con una magnificenza regale che faceva impallidire gli affari di stato dei monarchi. Il mondo era ai loro piedi e la causa degli ebrei in

Europa era in piena espansione. Vedremo in seguito quanto sia stata favolosa la loro fortuna.

CAPITOLO 11

La Francia sopravvive all'assalto dei comunisti

D opo questo evento epocale, ho cercato articoli sulla Francia negli anni successivi per vedere se il filo conduttore continuava e ho scoperto che era così. Dopo il successo della Comune di Parigi, i comunisti ci riprovarono nel 1871, dopo la firma della pace provvisoria di Versailles con Bismarck. Nel settembre 1870, il crollo di Napoleone III a Sedan fu un colpo a cui l'Impero francese non sopravvisse.

Il 4 settembre i rivoltosi tentarono nuovamente di conquistare Parigi, come avevano fatto in precedenza quando James Rothschild aveva in parte finanziato la rivoluzione, ma il 19 settembre le armate tedesche che avevano sconfitto i francesi a Sedan si precipitarono a Parigi e presero la città.

I comunisti non riuscirono a sostenere l'offensiva e a Parigi rimasero solo otto giorni di cibo. Il 28 gennaio 1871, Parigi capitola all'esercito tedesco. Le truppe francesi vengono disarmate, i forti vengono riconquistati. Bismarck autorizza le elezioni e chiede il pagamento di cinque miliardi di franchi di risarcimento alla Germania. Da marzo a maggio 1871, la Guardia Nazionale comunista marxista, che Bismarck non aveva disarmato, si impadronì di 417 cannoni e assassinò i generali Lecomte e Thomas.

L'Internazionale ebbe un ruolo di primo piano nella Guardia Nazionale attraverso Loeb, Cohen, Lazarus, Levi e, naturalmente, Karl Marx.[3] Le truppe regolari furono costrette a ritirarsi e a lasciare Parigi nelle mani dell'Internazionale socialista marxista. Sostenute dall'esercito tedesco, le truppe francesi attaccarono le barricate di Parigi e ruppero la presa dei comunisti. Ma nel frattempo, prima che l'assalto delle truppe regolari francesi e tedesche spezzasse la forza della folla guidata dalla Guardia Nazionale ribelle, i comunisti attuarono una terribile rappresaglia. Sessantasette ostaggi innocenti furono massacrati al Fort de Vincennes.

L'arcivescovo di Darboy è stato ucciso come un cane, così come alcuni dei suoi sacerdoti. Anche cittadini di spicco furono fucilati sommariamente. Ciò avvenne anche mentre le truppe della Terza Repubblica entravano in città.

Il 20 maggio 1871, i comunisti versarono benzina in tutti i quartieri di Parigi che assediavano e incendiarono tutti gli edifici pubblici e la maggior parte delle proprietà private, comprese le case. Le Tuileries, il Ministero delle Finanze, il Palais Royal, il Ministero della Giustizia, l'Hôtel de Ville e la sede della polizia furono incendiati e ridotti in cenere.

> Miracolosamente, la sontuosa Casa Rothschild e i suoi inestimabili beni sono rimasti intatti. Come sempre, la Casa Rothschild uscì finanziariamente indenne dai rischi della guerra del 1870-1871 e della Comune di Parigi, rimanendo padrona indiscussa dell'Europa. Ancora una volta, i Rothschild dimostrarono di essere capaci di abbandonare la loro fedeltà alla monarchia per concederla con altrettanta devozione alla Terza Repubblica.

Alfonse Rothschild, naturalmente, si ritirò a Versailles e prese una stanza all'Hotel des Réservoirs dove visse i combattimenti, i saccheggi e il terrore della rivoluzione.

Le parti citate sono tratte dall'opera di Olivia Maria O'Grady, dal

---

[3] Tutti ebrei, ovviamente, NDÉ.

lavoro del professor Langer e da *The Untold Mystery* di John Reeves.

Va notato che mentre i più radicali dei rivoltosi rimasero a uccidere le loro sfortunate vittime, i loro leader lasciarono la città e andarono in Inghilterra, Svizzera e America Latina. La Comune di Parigi, dopo aver fatto il suo corso, crollò in una frenesia di sangue. Non sembrano esserci dubbi sul fatto che l'enorme quantità di denaro necessaria per gestire la Comune (che durò solo due mesi) dovesse provenire dai Rothschild.

I dirigenti della Comune spesero 42 milioni di franchi, una somma enorme per l'epoca. Anche con lo sperpero più prolifico, è difficile capire come abbia potuto spendere un terzo di quella somma. Ciò significa che circa 25 milioni di franchi sono scomparsi in qualche direzione, probabilmente in Svizzera, e forse nei bagagli del direttore della Banque de France, o meglio del suo vice governatore, il marchese de Poleis, che accompagnò Beslay in Svizzera quando a quest'ultimo fu concesso il salvacondotto per lasciare il Paese dopo la soppressione della Comune. (*The Untold History*, John Reeves) La sensazione generale all'epoca era che Beslay, nominato alla Banca di Francia dalla Comune di Parigi (in altre parole, indirettamente dai Rothschild), avesse salvato il denaro per loro e che i Rothschild avessero organizzato i salvacondotti.

In ogni caso, la Comune di Parigi portò l'obbrobrio e la vergogna del popolo francese e fece precipitare il movimento socialista in uno stato di declino. È interessante notare che il trattato preliminare di pace di Versailles fu negoziato in parte da Alfonso Rothschild, figlio di James Rothschild. Alfonso concluse i negoziati finanziari con Bismarck e acconsentì al pagamento dei cinque miliardi di franchi necessari per le riparazioni.

Edouard Rothschild era figlio di Alfonso Rothschild, primogenito di James Rothschild, che morì il 26 maggio 1905, ma il controllo della linea di successione sugli affari francesi continuò. Più avanti vedremo il ruolo svolto da Edward Rothschild e Lord Rothschild nella "Dichiarazione Balfour" che portò alla creazione di uno Stato sionista in Palestina, in cui, tra l'altro, Disraeli svolse un ruolo di primo piano per i suoi padroni, i Rothschild. Ci sono sempre persone dietro le quinte, come sa qualsiasi studente attento di storia mondiale.

Che ruolo ebbe Disraeli nello stabilire una "patria" per gli ebrei? Nel suo libro *Tancred*, Disraeli parla di

> "quei giorni di giustizia politica in cui Gerusalemme apparteneva agli ebrei".

Da Gerusalemme ha scritto:

> "Vidi davanti a me una città apparentemente bellissima".

e in tutti i suoi romanzi, *Alroy, Contari* e *Fleming*, scrisse del suo amore per Gerusalemme, sottolineando che era un bene degli ebrei. A Hughendon, la sua casa di campagna, Disraeli raccontò a Stanley del suo

> "piani per la restituzione della Palestina agli ebrei e per la ricolonizzazione da parte degli ebrei".

Che ruolo ebbe Karl Marx nella rivolta comunista di Parigi del 1871? Secondo i documenti del British Museum, confermati da altre due fonti:

> Marx esultava e, sebbene la sua fama si diffondesse ovunque come quella del mostro che aveva scatenato i tagliagole assassini di Parigi, si pavoneggiava come un pavone davanti ai membri dell'Internazionale a Londra. Si è lanciato in un elogio degli "eroi immortali delle barricate".

> Quando la Comune di Parigi prese in mano la gestione della rivoluzione, quando gli operai comuni osarono per la prima volta invadere il governo dei privilegi dei loro superiori culturali, il vecchio mondo si contorse in preda a convulsioni di rabbia alla vista della bandiera rossa, simbolo della repubblica dei lavoratori , che sventolava sul municipio di Parigi.

Una delle cose che abbiamo imparato dalla Comune di Parigi è che essa ha disilluso la maggioranza del popolo francese, ma i leader che si sono rifugiati in Inghilterra e in Svizzera con l'aiuto dei massoni e degli Illuminati l'hanno vista come una pietra miliare nell'ascesa del socialismo internazionale in Germania, Spagna, Russia e Italia. Karl Marx a Londra divenne il punto focale del marxismo internazionale, ma accanto a lui c'erano

Engels e i Rothschild.

Ne *La storia non raccontata* ci viene detto che i Rothschild erano agenti dei massoni di Francoforte, di cui il Langravio d'Assia era il padrone e di cui i Rothschild controllavano le finanze. A questo punto vale la pena di fare qualche considerazione su Bismarck, che ha avuto un ruolo fondamentale nel plasmare il destino non solo della Germania, ma dell'intera Europa.

Secondo l'autore John Reeves nel suo libro *The Rothschilds*, Bismarck era considerato un semplice valletto dei Rothschild ed era per metà ebreo.

I documenti conservati al British Museum suggeriscono che il padre naturale di Bismarck fosse il maresciallo Soult, l'uomo effettivamente responsabile della "Waterloo" di Napoleone[er] :

> "Questo non prova che il maresciallo Soult era il suo vero padre e non il tranquillo piccolo proprietario prussiano, padre ufficiale di Bismarck?".
>
> Dopo aver schiacciato Napoleone, i Rothschild avevano bisogno di un nuovo sovrano e lo crearono con Otto Bismarck. Suo padre, William, sposò Louise Menken [i Menken erano ebrei], una donna della classe media di origine sconosciuta. La portò nella sua casa di campagna, che fu presto invasa dalle truppe francesi di Napoleone, e in un vicino castello il maresciallo Soult stabilì il suo quartier generale.
>
> Lo champagne di Soult, il suo potere di persuasione asiatico sedussero il cuore di Louis più della birra e della mente pesante del marito tedesco. Da allora Soult ha mostrato estrema cura per la signora Bismarck - Menken e per suo figlio, il futuro "Uomo di sangue e di ferro". Soult ricoprì le più alte cariche in Francia e tradì tutti i governanti cristiani fino alla sua morte. I sei anni che Bismarck trascorse nell'Istituto Palma di Berlino gli lasciarono solo ricordi spiacevoli. (Cherep-Spiridovich, pagina 108 - *La mano nascosta attribuita a J. Hoche*)

In realtà, Louise Bismarck-Menken non era di origine sconosciuta. Ho fatto risalire la sua ascendenza a Haim Solomon, che si dice abbia donato la sua intera fortuna al generale George Washington per dare inizio alla Rivoluzione americana. Anche il

New York *Jewish Tribune* del 9 gennaio 1925 confermò che Louise Menken era una discendente di Haim Solomon.

Alcuni studiosi e storici contestano fortemente che il denaro dato da Salomone a Washington fosse suo, ma che provenisse dai Rothschild, di cui Salomone era il semplice intermediario.

Essi sottolineano il fatto che, nonostante abbia dato tutti i suoi soldi a Washington, Haim ha continuato a vivere nel lusso. La storia di come Bismarck fu cooptato dai Rothschild può essere ricostruita dalle lettere di Lord Beaconsfield del dicembre 1812 e di *Coningsby*:

> Lionel Rothschild portò spesso Disraeli a Parigi, dove fu presentato a James Rothschild III. Hanno ricevuto la visita del conte Arnim, ministro prussiano. Attraverso Lionel, Disraeli divenne suo amico. Soult era un ministro del gabinetto francese e parlava molto, forse, di suo figlio, o del figlio della sua amante, l'ex Menken-Bismarck. Così i Rothschild decisero di accaparrarsi il giovane Bismarck, che si trovava in difficoltà e che era almeno per metà ebreo, il quale già nel 1839 è costretto a lottare contro la catastrofe che minaccia le sue proprietà. Ma i Rothschild, Soult e Amim lo stavano già osservando e tutti cercavano di usarlo. Già nel 1839, ad Aquisgrana, Bismarck si era dimostrato un ribelle, come Disraeli nel suo poema "Benedizioni al pugnale del regicida". '

> Ma James pretendeva che Bismarck e Disraeli dimostrassero un "arciconservatorismo", che doveva essere conquistato per scivolare nell'alta società e ottenere il potere. Di conseguenza, Disraeli e Bismarck abbandonarono gli inni ai "pugnali del regicidio" e divennero ultraconservatori. A entrambi fu ordinato di diventare "molto mondani". Amim, ministro prussiano e membro del Reichstag, sposò l'amata sorella di Bismarck, Malvina, nel 1844 e, secondo Disraeli, Bismarck cadde completamente sotto l'influenza dei Rothschild, di Amim e di sua sorella.

Indirettamente, veniamo a conoscenza dell'affermazione di Walter Rathenau secondo cui 300 uomini governano il mondo (cfr. *La gerarchia dei cospiratori: il Comitato dei 300*). Quarant'anni prima, Bismarck aveva dichiarato di essere d'accordo con l'affermazione di Rathenau: Disraeli la ribadì affermando che

> "Il mondo è gestito da personaggi molto diversi da quelli che non stanno dietro le quinte, come immaginano coloro che non sono dietro le quinte.

Quarant'anni prima della dichiarazione di Rathenau, Bismarck espresse il suo accordo con Rathenau e Disraeli (dai documenti di *Coningsby* e Cherep-Spiridovich e dal British Museum)

Considerato un reazionario, nel 1847 Bismarck cercò di placare i conservatori simulando violenza contro i liberali, seguendo l'esempio di Disraeli, e ottenendo così il favore del re di Prussia. Con molti sforzi e giochetti, i controllori di Bismarck riuscirono a fargli sposare Johanna Puttkamer nel 1847.

Puttkamer era una donna straordinaria, la cui capacità di calmare il suo terribile temperamento (probabilmente ereditato da Soult), poiché il padre ufficiale era un uomo calmo, mai incline a scoppi violenti, salvò la sua carriera, che altrimenti si sarebbe conclusa bruscamente. Quando nel 1849 fu proposto a Federico Guglielmo IV l'elenco dei membri del nuovo Gabinetto, questi tracciò una linea spessa sul nome di Bismarck e scrisse:

> Reazionario dalla testa rossa. Ama l'odore del sangue.

Nel 1849, Bismarck fu eletto alla Seconda Camera prussiana con l'aiuto di Arnim e Rothschild e nel 1851 partecipò alla Dieta di Francoforte sul Meno come deputato.

Anche il conte Arnim sosteneva Bismarck e fece la sua parte nel raccomandarlo a Otto von Manteuffel, ministro prussiano. Per quanto riguarda von Manteuffel, il professor Langer analizza il contesto storico della sua importanza:

> Il 16 maggio 1850, alcuni piccoli Stati e l'Austria si riunirono a Francoforte e ricostituirono la vecchia Dieta della Confederazione tedesca. Se la Prussia insisteva su questa unione, la guerra con l'Austria sembrava inevitabile. Quando una controversia nasce da un appello... entrambe le potenze si mobilitano e la guerra sembra imminente.

> Lo zar Nicola di Russia, irritato dallo pseudo-liberalismo del leader prussiano, si schierò con l'Austria e Federico Guglielmo,

che fin dall'inizio era stato riluttante a entrare in guerra, decise di battere una ritirata precipitosa. Inviò il suo nuovo ministro, Otto von Manteuffel, a negoziare... (Professor Langer, pagg. 726-727)

Quando Bismarck fu vecchio, i suoi occhi non persero mai il loro straordinario potere. Aveva un naturale disprezzo per tutto ciò che era debole, sentimentale, e tra i suoi oggetti di disprezzo includeva molte virtù cristiane" (Professor F.M. Bowicke, *Bismarck e l'Impero tedesco*, pagina 5).

In *La Revue des Deux Mondes* pubblicata nel 1880 vol. 26, pagina 203 di Valbert, leggiamo quanto segue:

Gli ebrei erano gli unici che potevano sfruttare Bismarck in modo tale che tutte le riforme liberali in Germania dopo Sadowa (dove i prussiani furono sconfitti dagli austriaci nel 1866) introdotte da Bismarck servissero agli ebrei...

Come abbiamo dimostrato, i Rothschild erano particolarmente interessati alla politica di tutte le nazioni in cui si erano stabiliti. Ad esempio, al Congresso di Vienna, i Rothschild cercarono di dominare. Lo apprendiamo da Maria Olivia O'Grady:

... Gli ebrei inviarono dei rappresentanti al Congresso di Vienna, dove cercarono di influenzare i delegati ufficiali con tangenti e regali. L'anziano Rothschild, come si ricorderà, temeva che lo speciale privilegio ebraico che aveva acquistato da Karl von Dalberg, principe primate della Confederazione del Reno, sarebbe andato perduto se non fosse stato incorporato nelle nuove costituzioni che il Congresso avrebbe redatto.

Jacob Baruch (padre di Ludwig Boerne), G. G. Uffenheim e J. J. Gumprecht, emissari speciali di Rothschild, sarebbero stati cacciati dalla città dalla polizia viennese, se Metternich non fosse intervenuto.

I rappresentanti ebrei, ovviamente, non avevano una posizione ufficiale nel Congresso. L'influenza ebraica più importante sui membri del Congresso proveniva dalle donne ebree che aprivano i loro salotti per intrattenere sontuosamente i principali statisti e leader che partecipavano alle sessioni del Congresso.

Le più importanti di queste ebree erano la baronessa Fanny von Arenstein, Madame von Eskeles, Rachel Levin von Varahagen,

Madame Leopold Herz e la duchessa Mendelssohn von Schlegel. Il meglio che gli ebrei poterono ottenere al Congresso di Vienna fu una serie di bozze di proposte che invariabilmente offrivano pieni diritti di cittadinanza agli ebrei che "si assumevano tutti i doveri di cittadini". Questa clausola non rispondeva a tutte le particolari richieste ed esigenze della "nazione" ebraica, che di fatto voleva tutti i diritti di cittadinanza senza i consueti obblighi. (*Il Congresso di Vienna*, pagg. 345, 346)

L'autrice Anka Muhlstein, in *Baron James, The Rise of the French Rothschild*, dà un'interpretazione diversa degli eventi del Congresso di Vienna e del loro effetto su Francoforte:

Non appena le armate francesi si ritirarono, le autorità tedesche affrontarono l'urgente problema di rimettere gli ebrei al loro posto. A Francoforte, i diritti legalmente acquisiti e pagati a caro prezzo sono stati aboliti. Ancora una volta, gli ebrei furono trattati come stranieri indesiderati.

Consapevoli che il loro onore, la loro libertà e talvolta la loro vita erano minacciati, gli ebrei si rivolsero alle grandi potenze che si riunivano regolarmente al Congresso di Vienna . Ma per quanto valide fossero le loro argomentazioni, furono vane. Gli ebrei in Germania non avevano quindi altra scelta che ricorrere, come in passato, a mezzi clandestini e a trovare o acquistare protezione.

Salomone si occupò della campagna ebraica e improvvisamente la borsa di Gentz, consigliere di Metternich, crebbe. Il risultato fu la sospensione degli editti di espulsione austriaci e le dichiarazioni di Metternich e Hardenberg, l'omologo del cancelliere austriaco in Prussia *(Baron James, The Rise of the French Rothschild*, Anka Muhlstein, pagina 68).

Secondo Muhlstein, gli ebrei furono attaccati a Francoforte e duramente perseguitati. Salomon Rothschild scelse di trasferirsi a Vienna, ma Amschel rimase a Francoforte e, dopo aver ricordato al governo quanto avesse bisogno dei prestiti dei Rothschild, le violenze contro gli ebrei cominciarono a diminuire.

CAPITOLO 12

Salomon Rothschild dimostra la sua forza finanziaria

A Vienna, a Salomone non fu permesso di comprare una casa, così affittò per sé un intero albergo di lusso e poi rifiutò al re del Württemberg l'appartamento che aveva occupato per molti anni.

A Solomon fu concessa l'immunità diplomatica e il titolo di "barone". Metternich nominò allora Giacomo e Nathan Consoli, un "onore impensabile per un ebreo", come notò Solomon:

> James non ha rinnovato il suo appello. L'evidente potere e la protezione di Metternich alleviarono la sua preoccupazione. Grazie al Cancelliere, i Rothschild avrebbero ottenuto l'immunità diplomatica.
>
> Dopo aver concesso loro un titolo utile e lusinghiero, ora doveva fare molto di più. Nathan e James, a costo di molti prestiti abilmente negoziati, concepirono l'idea di farsi nominare consoli per rappresentare l'Austria a Londra e a Parigi. Un ebreo che entra nel corpo diplomatico! Era impensabile. Tuttavia, nonostante l'enormità della proposta, Metternich accettò.
>
> Solo i malintenzionati potrebbero sospettare un collegamento tra i vantaggiosi prestiti personali dei Rothschild al Cancelliere. Tutti gli uffici giudiziari portano a nuovi affari, soprattutto quando si tratta dell'Austria. Se Giacomo fosse nominato a Parigi, potrebbe, a Dio piacendo, occuparsi di tutte le questioni relative alla liquidazione del debito della Francia nei confronti dell'Austria, poiché il Console sarebbe autorizzato a trattare con il Re in persona" (*Souvenirs* Auguste de Fremilly, pagina 232, 1908).

Nel tentativo di stabilire un modello di potenti ebrei che cercano di usare la loro influenza nelle convenzioni internazionali, la Conferenza di Aquisgrana del 1818 si trovò di fronte anche a rappresentanti ebrei non invitati. Lewis Way, un ecclesiastico inglese, si fece portavoce degli ebrei e presentò alla Conferenza una petizione per l'emancipazione degli ebrei in Europa. L'influenza ebraica nei Congressi di Parigi del 1856 e del 1858 è evidente negli atti di entrambe le riunioni. Non sembra che agli ebrei sia stato permesso di essere rappresentati ufficialmente in nessuna delle due conferenze. (Olivia Maria O'Grady)

Questo non piacque ai Rothschild, che pretesero sempre di più da coloro che detenevano il potere. Dopo aver ricevuto i titoli di baroni e consoli, ora volevano segni più visibili del loro potere.

Il loro "amore per i premi" era a dir poco smodato. A Von Gentz fu ordinato di pubblicizzare l'assegnazione di medaglie e nastri:

"Salomon von Rothschild e suo fratello a Parigi hanno ricevuto l'Ordine di San Vladimir in riconoscimento dei prestiti negoziati per la Russia".

Von Gentz ha scritto a diversi importanti giornali tedeschi. Sarebbe giusto che pubblicaste la notizia. Fate in modo che sia un Vladimir piuttosto che un San Vladimir. In una lettera al conte von Neipberg del 1830, Metternich criticò privatamente la vanità dei Rothschild:

I Rothschild vorrebbero un piccolo Saint-Georges. Che vanità! Nonostante i loro milioni e la loro generosa lealtà, i Rothschild hanno un appetito sorprendente per gli onori e le distinzioni. (Documenti del British Museum)

La natura religiosa cristiana delle decorazioni rendeva ancora più straordinario il fatto che i Rothschild fossero in grado di ottenerle e sottolineava il potere che esercitavano su Metternich e Bismarck, soprattutto perché si sa che Metternich iniziò a opporsi alle richieste dei Rothschild sostenendo che, in quanto non cristiani, non avevano diritto a ricevere certe decorazioni, ma questo non fermò l'ondata di richieste di onorificenze speciali. Nel 1867, il figlio maggiore di Giacomo, Alphonse, scrisse ai cugini di Londra:

Il risultato più notevole della visita di Bismarck (a Londra) fu la distribuzione di decorazioni. Mio padre ricevette il Grande Nastro dell'Aquila Rossa, la decorazione più alta e distinta. Nessun ebreo in Prussia lo ricevette. (*Oro e ferro*, Fritz Stern, pagina 1150)

Continuando il lavoro di O'Grady, il suo tema della rappresentanza non ufficiale ma potente nelle convenzioni mondiali in cui gli ebrei non avevano alcuno status, l'autrice parla degli sforzi americani a loro favore:

> Gli ebrei americani influenzarono gli Stati Uniti a presentare la loro richiesta di "pieni e uguali diritti" alla Conferenza di pace di Bucarest nel 1913, sebbene gli Stati Uniti non fossero ufficialmente rappresentati alla conferenza.

Nell'ottobre 1913, l'Anglo Jewish Association inviò un memoriale congiunto a Sir Edward Grey, esortando ad assicurare le nuove garanzie affermative per gli ebrei, sottolineando che la Romania aveva ripetutamente ignorato e ripudiato simili assicurazioni.

> Elihu Root, Segretario di Stato americano, su richiesta del Presidente Theodore Roosevelt, aveva dato istruzioni precise all'ambasciatore White, che rappresentava gli Stati Uniti alla Conferenza d'Algeria del 1906, ordinandogli di sollecitare la Conferenza a prendere in considerazione garanzie di tolleranza religiosa e razziale in Marocco.

> L'azione dell'ebraismo mondiale alla Conferenza di pace non è indicata meglio che nelle disposizioni imposte alla Polonia dal Trattato di Versailles. Un conquistatore spietato non avrebbe potuto essere più severo. I rappresentanti polacchi firmarono il 28 giugno 1919 il Trattato delle Minoranze, che impegnava la Polonia alla divisione della sovranità e alla creazione di una classe superiore e privilegiata di cittadini. (Olivia Maria O'Grady, pagg. 344-347)

La storia ha ripetutamente dimostrato che la persona media nella maggior parte dei Paesi ha poco o nessun tempo da dedicare ad altro che non sia guadagnarsi da vivere, crescere una famiglia e avere un lavoro che le permetta di raggiungere questi obiettivi, lasciando poco o nessun tempo per la politica, le questioni economiche o altre questioni vitali, come la guerra e la pace, che riguardano la sua vita e la sua nazione.

Eppure sembrava che certi gruppi di persone fossero immuni da queste restrizioni, e sembravano sempre sapere dove le questioni importanti sarebbero state decise, e da chi, e sembravano avere una rete globale che li teneva al corrente di tutti gli sviluppi politici ed economici. Altamente organizzati e molto vocali, questi gruppi sono sempre stati avvantaggiati rispetto ai normali cittadini.

Secondo *The Hidden Hand* di Cherep-Spiridovich e l'ampio lavoro della scrittrice Olivia Maria O'Grady, questi gruppi altamente efficaci sono sempre stati ebrei o dominati e controllati da ebrei.

Entrambi gli autori citano numerosi esempi a sostegno della loro tesi, forse due dei più convincenti sono la Conferenza di pace di Parigi del 1919 e la creazione dello Stato di Israele. Continuiamo con il racconto di Olivia Maria O'Grady:

> All'alba del 1919, Parigi fu letteralmente invasa da ebrei provenienti da tutto il mondo - ebrei ricchi, ebrei poveri, ebrei ortodossi, ebrei socialisti, finanzieri e rivoluzionari - che si riversarono nella capitale francese e si misero al lavoro.

> Il Comitato di delegazione ebraica alla Conferenza di pace fu completamente organizzato il 25 marzo 1919. Inoltre, i delegati dell'Organizzazione Sionista Mondiale e del B'nai B'rith sono stati inclusi nella composizione del Comitato, sostenendo di parlare a nome di dieci milioni di ebrei.

> Woodrow Wilson, Georges Clemenceau e altre figure internazionali erano semplici burattini nelle mani di questi ebrei internazionali. Sebbene l'idea di un superstato mondiale fosse da tempo un sogno ebraico, la presunzione di Wilson di considerarla una sua creazione fu sostenuta da ogni parte dalla delegazione ebraica e dalla stampa mondiale da essa controllata. "I principi dell'autodeterminazione nazionale e dell'omogeneità non potevano essere spinti all'estremo", scrive uno storico ebreo con evidente soddisfazione.

> La finezza della delegazione ebraica è chiaramente percepibile

nel prodotto finito di Versailles. Le basi per la distruzione della sovranità in tutta la cristianità sono state ben preparate dalla mente del Comitato di delegazione ebraica. La sovranità assoluta è stata ridotta.

Allo scoppio della Seconda Guerra Mondiale, "gli Stati nuovi e allargati" furono costretti "ad assumere l'obbligo di includere in un trattato con le principali Potenze alleate e associate, le disposizioni ritenute necessarie da dette Potenze per la protezione di quegli abitanti che differiscono dalla maggioranza della popolazione per razza, lingua o religione".

Tra i delegati ebrei alla Conferenza di pace di Parigi c'era Jacob Schiff, che in seguito divenne uno dei banchieri di Wall Street che finanziarono la rivoluzione bolscevica in Russia. Il coronamento del trionfo ebraico fu la disposizione che poneva i "diritti dei gruppi nazionali" sotto la garanzia internazionale e la giurisdizione della Società delle Nazioni - nessuno dei quali si preoccupava di "rendere il mondo sicuro per la democrazia". (Dichiarazione d'intenti di Wilson, Olivia Maria O'Grady)

Wilson può essere stato ingannato dalle intenzioni e dagli scopi della Società delle Nazioni, ma un gruppo di senatori statunitensi, con gli occhi aperti, riuscì a capire le intenzioni dei suoi promotori. I cittadini hanno visto la Società delle Nazioni esattamente per quello che era: un tentativo di distruggere la sovranità degli Stati Uniti, la Costituzione e il Bill of Rights, e l'hanno respinta come tale quando il trattato è stato presentato al Senato degli Stati Uniti per la ratifica.

I leader dell'opposizione al Senato erano i senatori Hiram Johnson e William E. Borah, il cui patriottismo non conosceva limiti. Borah, il cui patriottismo non conosceva limiti. Il trattato fu respinto l'11 novembre 1919.

Anche il primo ministro britannico Lloyd George vide i pericoli delle restrizioni imposte alle nazioni dal Trattato di Versailles. Nel 1919, durante un fine settimana di pausa dalle riunioni della conferenza, mise su carta i suoi timori:

> Quando le nazioni sono stremate da guerre in cui hanno speso tutte le loro forze e che le lasciano stanche, dissanguate e spezzate, non è difficile stabilire una pace che possa durare fino a quando la generazione che ha vissuto gli orrori della guerra

non sia passata... È quindi relativamente facile rimettere insieme i pezzi di una pace che può durare trent'anni. Ciò che è difficile, tuttavia, è stabilire una pace che non provochi una nuova lotta quando coloro che hanno vissuto concretamente la guerra sono morti...

Potete spogliare la Germania delle sue colonie, ridurre i suoi armamenti a una mera forza di polizia e la sua marina a quella di una potenza di quinta categoria; ma alla fine, se sentirà di essere stata trattata ingiustamente nella pace del 1919, troverà i mezzi per ottenere una punizione dai suoi conquistatori.

L'imposizione, la profonda impressione suscitata nel cuore umano da quattro anni di inspiegabile massacro scomparirà con i cuori su cui la terribile spada della Grande Guerra ha impresso il suo marchio. Il mantenimento della pace dipenderà allora dal fatto che non vi siano motivi di esasperazione che fomentino costantemente lo spirito patriottico, di giustizia, di fair play... Sebbene Lloyd George abbia compiuto un valoroso sforzo per far sì che venisse resa giustizia alla Germania, ha fallito, non per mancanza di tentativi, ma a causa delle implacabili forze dell'internazionalismo che si sono sollevate contro di lui, caratterizzate dal comportamento, dagli atteggiamenti e dalle richieste feroci e brutali del francese Georges Clemenceau.

Le parole quasi profetiche che scrisse a Fontainebleau nel marzo 1919 dimostrano che Lloyd George era previdente. Lloyd George fu sconfitto dalle forze rivoluzionarie che si stavano rafforzando dal XVIII secolo. Ben organizzati e finanziati, erano praticamente inarrestabili. In un certo senso, Lloyd George fu ostacolato dalla presenza del suo controllore. Sir Philip, A.G.D. Sassoon, Bart, imparentato per matrimonio e sangue con i Rothschild. In qualità di membro del Privy Council britannico, Sassoon poté partecipare alle deliberazioni segrete dei confratelli.

Spiegando la politica francese a Versailles e le sue conseguenze, la rivista TIME del 17 maggio 1940, in un raro allontanamento dalla censura Rothschild, confermò anche che:

Nel cruciale Ministero degli Interni, il Primo Ministro Reynaud nominò l'energico 54enne Georges Mandel, che in precedenza era stato Ministro delle Colonie. Non si trattava di una posizione nuova per il piccolo e magro Clemenceauista che, come capo di stato maggiore della Tigre durante l'ultima guerra, aveva gestito gli affari interni del Paese e mantenuto il morale dei civili.

Nato da Jeroboam Rothschild, Mandel è stato spesso definito il Disraeli di Francia; super-politico in un paese di politici, ha recentemente dimostrato al Ministero delle Colonie (e delle Poste) di non aver perso nulla del dinamismo e del fiuto amministrativo che lo avevano reso così indispensabile per Clemenceau...

Dai miei studi al British Museum, è chiaro che il successo della Conferenza di pace di Parigi e del successivo Trattato di Versailles dipendeva dall'accettazione universale della Società delle Nazioni, il primo tentativo organizzato di istituire un unico governo mondiale che avrebbe usurpato la sovranità di tutte le nazioni e consegnato la Palestina ai sionisti.

Questa opinione è confermata dalle parole di Wilson al suo arrivo a Parigi nel gennaio 1919:

La Società delle Nazioni è al centro del nostro incontro.

Come è noto, Wilson era stato accuratamente addestrato e istruito da Mandel House, il servitore dei Rothschild, e sapeva di dover obbedire agli ordini. Ricercando le carte di Lloyd George nel British Museum, mi è apparso chiaro che il Primo Ministro britannico aveva combattuto contro Wilson, ma senza successo. Nonostante le vigorose proteste di Lloyd George, Wilson insistette affinché il primo punto all'ordine del giorno fosse la proposta di istituire la Società delle Nazioni.

Ho concentrato molti mesi di ricerche sulla Società delle Nazioni al British Museum e ho scoperto che Wilson si recò a Parigi armato di istruzioni ricevute indirettamente da Lord Rothschild tramite Mandel House riguardo al suo programma.

Wilson era arrivato all'attenzione dei Rothschild attraverso Mandel House, quando come professore all'Università di Princeton aveva cercato di porre fine a quello che definiva "snobismo" vietando i club studenteschi. Non ci riuscì, ma questa prima indicazione delle sue convinzioni socialiste attirò l'attenzione di House e lo aiutò a vincere il governatorato del

New Jersey e infine la carica di Presidente degli Stati Uniti. Il presidente del Comitato nazionale repubblicano Will Hayes ha parlato di Wilson:

> Vuole ricostruire il mondo senza ostacoli, secondo tutte le dottrine socialiste, tutte le nozioni di proprietà governativa illimitata, tutti i vaghi capricci che gli passano per la testa.

Il mio studio sulla presidenza di Wilson dimostra che Hayes era sulla strada giusta, ma non aveva modo di sapere nulla su chi stesse gestendo l'agenda di Wilson. Non c'era nulla di vago nelle chiare istruzioni che riceveva costantemente da Londra attraverso Mandell House. Una di queste istruzioni da Londra riguardava i Quattordici Punti di Wilson. In realtà, i Quattordici Punti che avrebbe presentato alla Conferenza di pace di Parigi erano stati redatti dai Rothschild e dal giudice Brandeis, che li aveva trasmessi a Wilson con l'ordine di utilizzarli come propri alla Conferenza, sotto l'occhio vigile dell'ebreo Bernard Baruch.

Anche la seconda serie di istruzioni, quella della Società delle Nazioni, sarebbe opera di Wilson. Il suo discorso all'inizio della Prima guerra mondiale, secondo cui l'America stava combattendo "la classe dirigente e non il popolo tedesco", era pura retorica della Casa. Per continuare con le citazioni di Olivia Maria O'Grady:

> Il Presidente Wilson, circondato dalla confraternita finanziaria ebraica, spinto qua e là dal sinistro Colonnello House e consigliato dal sionista Brandeis, si immaginava di essere il grande "pacificatore" di tutta la storia. Era uno storico che ha dimostrato di non sapere nulla di storia.

> Nelle mani degli ebrei, che lo hanno usato per i loro scopi, ha fatto precipitare questo Paese [gli Stati Uniti] in una guerra disastrosa e ha messo in moto una serie di eventi destinati a distruggere l'America.

> Lusingato e lodato da coloro che lo piegavano alla loro volontà, si immaginava di giocare a fare Dio, rifacendo il mondo e i suoi abitanti a sua immagine e somiglianza. Dopo aver giurato di proteggere e promuovere gli interessi del popolo americano, improvvisamente ha creduto di avere il mandato di salvare il mondo.

Ha invocato una "pace senza vittoria" e ha dichiarato che stava gettando gli Stati Uniti in una "guerra per porre fine alla guerra" e per "rendere il mondo sicuro per la democrazia". Da allora, la storia ha ripetutamente sottolineato l'inutilità del suo doppio discorso.

La pace e la vittoria arrivarono l'11 novembre 1918 e Wilson si precipitò a Parigi dove perse entrambi (Olivia Maria O'Grady)

Forse è un po' troppo severo nei confronti di Wilson che, dopo tutto, era circondato e protetto da consiglieri:

Ora possiamo valutare correttamente questo trattato di pace criminale e traditore, che ha dato origine alla guerra attuale (la Seconda Guerra Mondiale).

Non fu Wilson a tradire il governo tedesco con la promessa dei suoi Quattordici Punti, né Lloyd George a mentire agli arabi per indurli a entrare in guerra; furono Jeroboam Rothschild, Sir Philip Sassoon e Bernard Baruch. Wilson, Lloyd George e Clemenceau sono colpevoli solo nella misura in cui hanno agito in obbedienza a un potere al quale non hanno osato opporsi. Questi tre ebrei, che rappresentano il potere finanziario della famiglia Rothschild, determinarono le disposizioni essenziali del famigerato trattato di pace.

Hanno creato l'Ufficio Internazionale del Lavoro; hanno organizzato la Commissione per le Riparazioni e la Conferenza Finanziaria di Bruxelles; hanno dato la Palestina agli ebrei; hanno istituito la Società delle Nazioni e la Corte Mondiale senza la nostra adesione.

È il nostro rifiuto di aderire che ha impedito la realizzazione della loro grandiosa macchina per il governo mondiale (*Rothschild Money Trust*, pagine 67, 68).

Sebbene il nome del colonnello House non sia menzionato in questo resoconto, fu comunque House, più di Baruch, a rappresentare gli interessi dei Rothschild negli Stati Uniti alla conferenza. Continua da *The Rothschild Money Trust*:

Questi tre ebrei sono responsabili dell'abbandono dei Quattordici Punti del Presidente Wilson e delle flagranti violazioni delle promesse in base alle quali la Germania ha deposto le armi. Se le promesse del Presidente Wilson fossero state mantenute, non avremmo avuto la Seconda Guerra Mondiale. Forse se avessimo aderito alla Società delle Nazioni non ce ne sarebbe stata nessuna, perché saremmo stati sudditi del "Re Despota" che ci avrebbe governato con una mano di ferro....

Jeroboam Rothschild (Mandel) era un membro del gabinetto Reynaud e si dimise con lui, fuggendo quando la Francia rifiutò di essere fusa con l'Impero britannico, decidendo invece di arrendersi. Il popolo francese sembra ora rendersi conto, secondo la stampa, di essere vittima di guerrafondai...

Il progetto della Società delle Nazioni non è iniziato con il Presidente Wilson. Non l'ha rivendicato. La sua origine precisa è sconosciuta, ma gli ebrei ne rivendicano il merito. È senza dubbio il loro bambino, perché ha tutte le caratteristiche della loro abilità... Il London *Daily Mail* ha dichiarato che si tratta della "più elaborata messinscena che la storia abbia mai perpetrato".

Con il pretesto di redigere un trattato di pace con la Germania, questa conferenza di pace stabilì la Palestina come patria degli ebrei e diede al governo britannico il mandato di governare il Paese. Da allora, gli ebrei sono in guerra con gli arabi e la situazione è diventata così intollerabile che il governo britannico ha cercato di dividere il Paese tra ebrei e arabi e di abdicare alle proprie responsabilità, il che non è piaciuto né agli ebrei né agli arabi.

Il popolo americano non vuole un supergoverno, né vuole essere governato dal Papa di Roma o da un despota del sangue di Sion. L'abbiamo scampata per un pelo quando i repubblicani, con l'aiuto di dodici ostinati democratici, hanno sconfitto il progetto della Società delle Nazioni con un margine molto ristretto; perché la Società delle Nazioni doveva essere proprio questo (Olivia Maria O'Grady, pagine 68, 69 e 85).

Un epitaffio appropriato (e forse un cupo avvertimento al mondo) è stato scritto da O'Grady:

Alla fine del 1938, il collasso della Società delle Nazioni era quasi completo. Delle sessantadue nazioni che erano state membri, ne sono rimaste solo quarantanove. Alla fine del 1940 aveva cessato di esistere.

Ha seguito il percorso dei suoi predecessori: la Santa Alleanza (tanto temuta dai Rothschild), il Concerto d'Europa e la Corte permanente di arbitrato.

È fallito perché gli Stati Uniti si sono rifiutati di partecipare e perché l'umanità non è ancora stata ridotta al suo comune denominatore, la mediocrità.

I concetti di "madre", "casa", "bandiera", "cielo" e "Dio e patria" erano ancora profondamente radicati nella mente e nel cuore delle persone. Sarebbe stata necessaria un'altra guerra, e forse anche un'altra, prima che questi concetti "reazionari borghesi" fossero cancellati dal cervello degli esseri umani.

Mayer Amchel Rothschild

La casa della famiglia Rothschild sulla Judenstrasse a
Francoforte, in Germania.

Gutte Schnapper Rothschild

Jacob James Rothschild

Lionel Rothschild

I più famosi figli dei Rothschild che controllavano una fortuna
multimiliardaria. Solomon, Nathan e Karl Rothschild

Waddesdon Manor (villa), residenza di campagna dei
Rothschild in Inghilterra

Castello di Ferrières di Jacob James Rothschild

Napoleone Bonaparte e Arthur Wellesley (Duca di Wellington)

Il maresciallo Soult e il generale Blücher

CAPITOLO 13

La Società delle Nazioni: un tentativo di istituire un unico governo mondiale

Quello che più stupisce della Società delle Nazioni è stata la grande pressione esercitata per farla accettare dagli Stati Uniti e gli sforzi straordinari compiuti a tal fine. Wilson chiese la ratifica del trattato, così com'era, senza discussioni, senza cambiamenti e senza modifiche.

Il popolo americano, valutato dagli agenti Rothschild in America come sufficientemente disposto ad accettare qualsiasi cosa, si aspettava di accettare gli accordi segreti stipulati a porte chiuse nel 1915. Questo è ciò che i Rothschild erano abituati a vedere accadere. Era sempre un caso di "sia fatta la nostra volontà" o di aspettarsi un sacco di problemi.

Il 22 settembre 1919, il professor I. Shotwell, un fabianista americano, chiese che il Senato ratificasse il trattato senza indugio, e Charles McParland, segretario generale del Consiglio Mondiale delle Chiese, sostenne la sua richiesta!

Lo cito per illustrare quanto il socialismo internazionale fosse ben radicato negli Stati Uniti.

Il sionismo era già allora l'elemento decisivo. Per quanto riguarda il movimento sionista in America, c'è un interessante resoconto nella *Storia del sionismo* di Walter Laqueur:

> L'organizzazione sionista in America è nata solo nel 1917... Ma nonostante gli eventi in Europa orientale... l'impatto del movimento è difficilmente percepibile nella vita americana. L'Europa, dopo tutto, era lontana e non ci si preoccupava della situazione degli ebrei americani e delle sue prospettive. Il

movimento porta essenzialmente il carattere dell'East Side. Manca di denaro, prestigio e influenza politica. I suoi leader, invece, sono ebrei assimilati, come il rabbino Stephen Wise... La svolta avvenne durante i primi anni della guerra in Europa, quando Brandeis ne divenne il leader. Brandeis era uno dei più stimati avvocati americani, che in seguito sarebbe diventato giudice della Corte Suprema. A convincerlo fu Jacob de Haas, sionista britannico e stretto collaboratore di Herzl, che si era trasferito in America nel 1901.

Brandeis, secondo le parole di altri leader sionisti, non aveva alcun legame con la vita ebraica, non ne conosceva la letteratura e le tradizioni; doveva riscoprire il popolo ebraico. Ma una volta che la sua immaginazione fu catturata dall'ideale sionista, dedicò gran parte del suo tempo e delle sue energie al movimento, ricoprendo la carica di presidente dal 1914 fino alla sua nomina alla Corte Suprema. Fu l'identificazione di Louis Brandeis con il movimento, più di ogni altro evento, a rendere il sionismo una forza politica. Essere sionisti era diventato improvvisamente rispettabile. (Pagine 160 e 161)

Questo estratto del libro di Laqueur contiene alcune affermazioni molto importanti.

1. Il sionismo non era una preoccupazione della grande maggioranza degli ebrei americani.

2. La stragrande maggioranza degli ebrei americani non era molto preoccupata per la guerra in Europa.

3. Brandeis non era un ebreo religioso nel senso generalmente accettato.

4. Il movimento sionista, prima che Brandeis vi aderisse, era essenzialmente un movimento socialista di ebrei bolscevichi non religiosi dell'Est, gli stessi reclutati da Trotsky per la sua missione di rovesciare la Russia cristiana, in altre parole, ebrei sionisti.

5. La maggior parte degli ebrei americani non era interessata a migrare in Israele fino a quando Brandeis non ha richiamato la loro attenzione. A quanto pare, non consideravano la Palestina come una "patria", almeno non nel senso politico di uno Stato sionista, poiché la loro religione insegnava che non poteva esserci uno Stato ebraico prima del ritorno del Messia.

In tutta onestà e senza voler danneggiare gli ebrei, e per essere rigorosamente obiettivo, ho ricercato migliaia di pagine della storia di Brandeis, ma non ho trovato alcuna prova che egli abbia riscoperto la sua religione ebraica. Non ho trovato alcuna prova che Brandeis sia diventato un ebreo religioso. Quello che ho scoperto è che de Haas convertì Brandeis al sionismo attivo, che è un movimento politico, non religioso, un movimento politico in cui Brandeis si convertì più di San Paolo al cristianesimo.

Brandeis divenne quindi presidente provvisorio della Federazione Mondiale dei Sionisti, un organismo puramente politico e non religioso di ebrei non religiosi.

Forse l'evento storico più noto in cui i Rothschild sono stati coinvolti in tutte le fasi è la "Dichiarazione Balfour", che è generalmente considerata come l'inizio dello Stato di Israele nella terra di Palestina, che i sionisti avevano cercato di ottenere per cento anni. Ma nel 1914 non avevano fatto alcun progresso verso il loro obiettivo, almeno nessun progresso degno di nota. Il sionismo non era più vicino al suo obiettivo, spesso dichiarato, di uno Stato ebraico in Palestina di quanto lo fosse Herzl nel 1897. Secondo gli atti del Congresso e i documenti del British Museum, nonché le memorie di guerra di Robert Lansing, ambasciatore americano a Londra, e gli scritti di Ramsey McDonald, la Prima guerra mondiale fornì un'occasione d'oro per promuovere il sogno di Herzl di creare uno Stato sionista in Palestina. Lansing spinse l'America nella Prima Guerra Mondiale nel 1915 e House, agendo per conto dei Rothschild, si unì a lui per fare pressioni su Wilson. La pressione su Wilson fu enorme e gli Stati Uniti entrarono in guerra in Europa contro la volontà dell'87% del popolo americano.

Gli storici dell'establishment hanno sempre dato l'impressione che una grande maggioranza di ebrei fosse favorevole alla creazione di una "patria per gli ebrei" in Palestina. Attraverso una ricerca approfondita, ho scoperto che si trattava in gran parte di un esercizio di propaganda.

In effetti, in Russia e in Gran Bretagna c'era una significativa opposizione all'idea da parte degli ebrei religiosi che credevano che una simile patria potesse essere stabilita solo dopo il ritorno del loro Messia.

Per ammorbidire l'atteggiamento degli ebrei religiosi, Weizman tenne un discorso a Londra il 20 maggio 1917, in cui affermò di sapere che il governo britannico era pronto a sostenere i piani sionisti per la Palestina.

Naturalmente non era ufficialmente autorizzato a fare una simile dichiarazione, ma senza dubbio sapendo che il potere e il prestigio di Lord Rothschild avrebbero prevalso, lo fece comunque. L'opposizione ebraica religiosa antisionista, guidata da Claude Montefiore della famosa dinastia ebraica dei Montefiore, è estremamente contrariata, soprattutto perché Weizman aveva definito gli ebrei religiosi una "piccola minoranza".

Secondo *A History of Zionism*, una lettera, firmata da Montefiore e David Alexander, i presidenti del Board of Deputies britannico, fu inviata al quotidiano *London Times* , che fu pubblicata il 24 maggio 1917, con il titolo *Palestine and Zionism, Views of Anglo-Jewry* :

> Hanno ribadito la loro protesta contro la teoria sionista di una nazionalità senza fissa dimora, che, se generalmente accettata, avrebbe l'effetto di annientare gli ebrei ovunque come un anacronismo; la religione è l'unico criterio certo. I firmatari affermarono anche che sarebbe stata una calamità se i coloni ebrei in Palestina avessero ottenuto diritti speciali sotto forma di privilegi politici o preferenze economiche. Ciò era in contraddizione con il principio dell'uguaglianza dei diritti per tutti. Metterebbe in pericolo gli ebrei ovunque abbiano ottenuto pari diritti e coinvolgerebbe gli ebrei palestinesi nelle più aspre dispute con i loro vicini di altre razze. (Pagine 193 e 194)

La saggezza e la lungimiranza degli ebrei religiosi non sionisti si riflette nei tragici eventi della Palestina, che ancora oggi è in fermento. Anni dopo, il loro punto di vista è stato ripreso da un'organizzazione religiosa ebraica, gli Amici di Gerusalemme (Naturei Karta). In una serie di 12 annunci a tutta pagina sul *New York Times*, hanno denunciato lo Stato di Israele come uno Stato illegittimo, istituito in flagrante disobbedienza agli ebrei religiosi e alla Torah, e come una calamità per gli ebrei ortodossi.

CAPITOLO 14

Il governo britannico tradisce gli arabi e Lawrence d'Arabia

C on una buona dose di astuzia, che prevedeva il tradimento di Lawrence d'Arabia e accordi segreti tra inglesi e francesi (il trattato Sykes-Picot), i due governi decisero di spartirsi le terre arabe alla fine della guerra. Vi sembra una cosa straordinaria? Sì, è stato così, e poteva essere fatto solo con il sostegno dei Rothschild. Uno di questi inganni fu una lettera del leader sionista Sokolow, che incaricò un altro sionista, un certo Sacher, di preparare una bozza indirizzata a Balfour, secondo la quale la ricostituzione della Palestina come Stato ebraico era uno dei suoi obiettivi di guerra essenziali. Sokolow aveva dei dubbi e pensava che fosse troppo ambizioso:

> "Se chiediamo troppo, non otterremo nulla", un'opinione ovviamente condivisa da Lord Rothschild. Tuttavia, sono rimasti sconcertati quando il Ministero degli Esteri ha pubblicato la propria bozza, che utilizzava termini come "asilo", "rifugio" e "santuario" per le vittime della persecuzione ebraica. Inutile dire che questa bozza fu respinta dai sionisti, che insistevano sul fatto che la dichiarazione sarebbe stata inutile se non si fosse affermato il principio del riconoscimento della Palestina come patria nazionale del popolo ebraico. Infine, il 18 luglio, Rothschild sottopose a Balfour una formula di compromesso. Non parlava di uno Stato ebraico, ma di un focolare nazionale.
>
> (*Storia del sionismo*, pagine 195-196 Sokolow, *Geschite des Zionismus*, British Museum Papers).

Purtroppo, le voci di protesta dei leader religiosi ebrei furono soffocate dal sionismo politico che, con il sostegno dei

Rothschild, fece pendere la bilancia a loro favore. Ramsey McDonald ha riassunto i suoi sentimenti nei confronti di questo comportamento subdolo:

> Abbiamo incoraggiato la rivolta araba in Turchia promettendo di creare un regno arabo dalle province arabe dell'Impero Ottomano, compresa la Palestina.
>
> Allo stesso tempo abbiamo incoraggiato gli ebrei ad aiutarci promettendo loro che la Palestina sarebbe stata messa a loro disposizione per l'insediamento e il governo; e sempre allo stesso tempo abbiamo stipulato con la Francia l'accordo Sykes-Picot per la divisione del territorio, che abbiamo incaricato il nostro governatore generale in Egitto di promettere agli arabi. La storia è di una grossolana doppiezza e non possiamo sfuggire alla riprovazione che ne consegue.

Che cosa intendeva esattamente McDonald quando ha detto: "A quel tempo abbiamo incoraggiato gli ebrei ad aiutarci promettendo loro che la Palestina sarebbe stata loro. Come dovevano aiutare gli ebrei in guerra? Fornendo uomini provenienti da paesi ebraici per combattere i turchi come fecero gli arabi? No, non era affatto così. I sionisti non fornirono alcuna forza lavoro per aiutare gli inglesi e gli arabi a combattere i turchi. Come hanno aiutato i sionisti?

Convinsero il Congresso degli Stati Uniti a dichiarare guerra alla Germania contro la volontà dell'87% del popolo americano. Per fare questo, alle spalle degli arabi e degli altri residenti palestinesi, i cui antenati vivevano in Palestina da 7.000 anni, i britannici, con la complicità degli Stati Uniti, promisero la Palestina ai sionisti, nonostante non esistesse alcuna legge internazionale che permettesse loro di farlo.

Solo poche voci si sono levate per protestare contro quella che Arnold Toynbee ha definito "la calamità". Diversi scrittori, tra cui Olivia Maria O'Grady, si unirono alla protesta contro il piano di spartizione Sykes Picot che portò alla "Dichiarazione Balfour":

> Per tutta la durata della guerra, la Gran Bretagna e i suoi alleati continuarono a proclamare che stavano combattendo per la

libertà del mondo. Che tipo di libertà è contenuta nella Dichiarazione Balfour? Con quale diritto la Gran Bretagna propone di disporre della terra di un altro popolo? Su quale base morale una nazione può cercare di stabilire una casa nazionale per un popolo straniero sul territorio di un'altra? La Palestina non apparteneva alla Gran Bretagna.

Arnold Toynbee è stato uno storico britannico molto apprezzato e una figura pubblica di spicco che ha ricevuto un riconoscimento universale per la sua opera in dieci volumi, *Uno studio della storia*, un riesame completo dello sviluppo umano alla luce della filosofia idealista della storia.

Così, nessuno avrebbe osato definire McDonald, Toynbee e Lawrence d'Arabia "antiebraici" o "antisemiti", una minaccia che aveva impedito a tante altre persone che la pensavano allo stesso modo di denunciare la doppiezza del governo britannico espressa nell'illecita Dichiarazione Balfour. Toynbee espresse la sua rabbia per il tradimento degli arabi sulla Palestina in *A Study of History*.

Se la responsabilità diretta della calamità che colpì gli arabi palestinesi nel 1948 fu degli ebrei sionisti che quell'anno conquistarono il Lebensraum in Palestina con la forza delle armi, una pesante responsabilità indiretta fu del popolo del Regno Unito, perché i sionisti non avrebbero avuto l'opportunità nel 1948 di conquistare un paese arabo in cui erano una minoranza trascurabile nel 1918 se, per i successivi trent'anni, il potere del Regno Unito non fosse stato esercitato ininterrottamente per rendere possibile l'ingresso di immigrati ebrei in Palestina, contro la volontà, nonostante le proteste e senza tener conto delle aspettative degli abitanti arabi del Paese che, nel 1918, sarebbero diventati le vittime di questa politica britannica a lungo protratta.

Lawrence d'Arabia (colonnello Lawrence), che tanto meno poteva essere accusato di pregiudizi antiebraici o etichettato come "antisemita", non taceva il tradimento del suo impegno verso gli arabi:

Se abbiamo vinto la guerra, le promesse fatte agli arabi sono rimaste inattuate. Eppure l'ispirazione araba è stata il nostro principale strumento per vincere la guerra in Oriente. Così ho assicurato loro che l'Inghilterra stava mantenendo la sua parola alla lettera e nello spirito. Con questa sicurezza hanno portato a termine le loro belle cose; ma, naturalmente, invece di essere orgoglioso di ciò che abbiamo fatto insieme, alla fine mi sono vergognato amaramente.

Altre voci si aggiunsero a quello che Lawrence aveva espresso come un senso di totale tradimento, tra cui O'Grady:

Il colonnello Lawrence aveva buone ragioni per vergognarsi. Mentre gli arabi combattevano e morivano per l'Inghilterra, il ministro degli Esteri britannico, Arthur Balfour, barattava la Palestina con la promessa ebraica di far entrare in guerra gli Stati Uniti al fianco della Gran Bretagna. In aggiunta a questo tradimento, Inghilterra e Francia, con i termini del Trattato Sykes-Picot, si accordarono per dividere tra loro le terre arabe alla fine della guerra.

Ho riflettuto per mesi sulla dichiarazione di Toynbee perché, data la sua formazione e le sue affiliazioni, era altamente improbabile che esprimesse sentimenti critici nei confronti dei sionisti o dei suoi mentori, Rockefeller e Rothschild.

Secondo i documenti del War Office (e le copie conservate al British Museum), Toynbee era il pupillo di Lord Bryce, un seguace dei radicali filosofi. Toynbee seguì le orme di Bryce scrivendo un articolo per l'Enciclopedia Britannica, edizione 9 .

L'articolo, intitolato *German Terror in France: A Historical Record* (Il *terrore tedesco in Francia: un resoconto storico*), era un esercizio di propaganda antitedesca senza mezzi termini e fu pubblicato, significativamente, a New York nel 1917. Chiaramente, si trattava di un incentivo per aiutare il presidente Wilson nella sua lotta per trascinare l'America nella guerra in Europa. Sebbene nessuna delle accuse di brutalità tedesca potesse essere provata, l'articolo fu ampiamente accettato come vero.

Questo è esattamente il tipo di giustificazione di cui Wilson aveva bisogno da parte di un collega del Balliol College di Oxford, per spiegare perché l'America doveva mandare i suoi figli a morire in Francia "per rendere il mondo sicuro per la democrazia".

Toynbee ci parla poi della sua nomina a membro della delegazione britannica alla Conferenza di pace di Parigi, una posizione poco brillante che metterà a repentaglio quando pianificherà il suo futuro al Royal Institute for International Affairs, il braccio di politica estera del Comitato dei 300.

In quanto tale, Toynbee doveva conoscere bene le promesse fatte allo sceriffo della Mecca, Hussein bin Ali e al colonnello Lawrence, e la misura in cui il successivo tradimento della fiducia di questi due uomini aveva reso possibile la vittoria britannica sui turchi.

Toynbee fu autore di un libro importante, che sosteneva un unico governo mondiale autoritario, una copia del quale fu consegnata al Presidente Wilson dal Colonnello House e sulla quale si basarono molti dei dettami di Wilson e del Royal Institute for International Affairs. Ho scoperto che Toynbee era stato finanziato per un quarto di milione di dollari, ma non c'era alcuna indicazione diretta che fosse stato finanziato anche dai Rothschild, anche se potrebbe esserci stato un legame di questo tipo, dato che fu House a consegnare a Wilson le istruzioni da seguire alla conferenza della Società delle Nazioni.

È qui che si trovano i semi del disastro, l'origine del tumulto che continua ancora oggi in Palestina, e persone imparziali, come gli ebrei ortodossi Naturei Karta, conoscevano la storia ben nascosta della svendita degli arabi da parte di Rothschild e Balfour, contenuta in questo documento. Gli ebrei ortodossi Naturei Karta non condividono il concetto di "patria ebraica". Questo nobile movimento ebraico ortodosso si oppone alla presenza sionista in Palestina.

Quanto ai cristiani d'Europa e d'America, sono caduti in uno stato di indifferenza verso il destino degli "altri" abitanti della Palestina. Questo non li onora e non riflette l'etica cristiana del fair play incarnata dalle parole di Cristo:

> "Fai agli altri quello che vorresti fosse fatto a te".

Nel corso dei secoli, filosofi, storici e studiosi si sono posti la domanda: perché la storia delle guerre mostra che sono sempre iniziate dalle cosiddette "élite", i leader delle nazioni? Uno dei motivi, come ha affermato Henry Clay, è che quando c'è malcontento tra la popolazione, la minaccia straniera viene usata come pretesto per reprimere questo malcontento.

La seconda ragione, forse la più importante, è che tutte le guerre hanno un'origine economica. Poiché il controllo delle banche e della finanza è nelle mani dell'élite, è noto che essa scatena guerre per ottenere vantaggi economici. Ad esempio, i banchieri internazionali hanno raccolto enormi fortune nella Prima Guerra Mondiale. I Rothschild ottennero enormi profitti finanziando entrambe le parti della guerra civile americana.

C'è anche la teoria di Bertrand Russell secondo cui le guerre diminuiscono le popolazioni. Secondo il Comitato dei 300, il mondo è pieno di troppe persone, che stanno esaurendo le risorse naturali del pianeta a un ritmo allarmante. La soluzione, secondo Russell, è sbarazzarsi di quelli che chiama "mangiatori inutili", che dovrebbero essere eliminati a intervalli regolari.

I dieci milioni di morti della Prima Guerra Mondiale non erano sufficienti a soddisfare Russell, che sosteneva la necessità di introdurre a intervalli regolari pestilenze e pandemie per eliminare gli "inutili mangiatori" scampati alle guerre. La pandemia di AIDS è stata deliberatamente introdotta nella speranza che eliminasse milioni di persone dal bacino della "popolazione in eccesso".

L'élite ha escogitato modi per preservare i suoi membri dalle pestilenze, come dimostra il successo della lotta contro la pandemia di peste nera nel Medioevo. Per quanto riguarda il servizio militare del tipo affrontato dai fanti, l'élite ha un record di tattiche di evitamento di successo, come dimostrato dal record del Presidente G. W. Bush e il vicepresidente Richard Cheney. Non si tratta di casi isolati, ma si trovano in abbondanza negli archivi di tutte le nazioni.

CAPITOLO 15

Un doppio discorso subdolo

W illiam L. Langer, professore emerito di storia dell'Università di Harvard, ha riassunto la situazione politica del 1915 come segue:

> "Campagne in Turchia asiatica, 1916-1917... La Palestina doveva essere posta sotto amministrazione internazionale. 9 maggio 1916, Accordo Sykes-Picot tra Gran Bretagna e Francia... i territori menzionati nel suddetto accordo saranno amministrati da Francia e Gran Bretagna, mentre il resto dell'Arabia sarà diviso in sfere d'influenza francesi e britanniche, ma organizzato come uno Stato arabo o una federazione di Stati. "

Con un classico understatement, il professor Langer ha poi aggiunto:

> "Questi accordi non erano del tutto compatibili con altri accordi con i leader arabi, che in effetti non erano compatibili tra loro.

In altre parole, sono stati istituiti due mandati diversi, che offrono due serie di obiettivi, uno totalmente sconosciuto agli arabi.

Esiste una storia di azioni simili da parte di un presidente americano che sia mai stata approvata? La Costituzione degli Stati Uniti permetteva a Wilson di condurre i suoi negoziati, essenzialmente in privato, con persone private non ufficialmente autorizzate dal loro governo? La risposta a queste domande deve essere negativa. Le conseguenze per il governo e il popolo americano furono notevoli e umilianti. Inoltre, non è mai stato spiegato al popolo americano perché la Dichiarazione Balfour sia stata sottoposta all'accettazione di Lionel Rothschild, dal momento che egli non ricopriva alcuna posizione ufficiale? Anche solo per questo motivo, la Dichiarazione Balfour era e rimane un documento spurio. È chiaro che già allora il governo britannico aveva iniziato a fare il doppio gioco con gli arabi e il loro brillante leader britannico, il colonnello Thomas Edward Lawrence, meglio conosciuto come "Lawrence d'Arabia".

Il professor Langer torna poi indietro di due anni, al 31 ottobre 1914, e fornisce un resoconto completo della posizione geografica degli arabi e di ciò che la Gran Bretagna fece per cercare di strappare la vittoria dalle fauci della sconfitta nella guerra in Medio Oriente:

> "Lord Kitchener (comandante delle forze britanniche) aveva offerto a Hussein, l'Alto Sceriffo della Mecca, una garanzia condizionata di indipendenza. I negoziati tra lo sceriffo e il governo britannico iniziarono nel luglio 1915. Il 30 gennaio 1916, i britannici accettarono le condizioni di Hussein, lasciando indeterminato lo status esatto di Baghdad e Bassora e la sfera d'influenza francese in Siria. "

Va notato che qui non si parla di una "patria ebraica" in Palestina per i soli ebrei.

"Il 5 giugno 1916 iniziarono le rivolte arabe nell'Hijaz e fu sferrato un attacco alla guarnigione turca di Medina.

Il 7 giugno, Hussein proclama l'indipendenza dell'Hijaz e la guarnigione (turca) di Medina si arrende.

Il 29 ottobre Hussein viene proclamato re di tutti gli arabi. Invita gli arabi a muovere guerra ai turchi.

Il 15 dicembre, il governo britannico ha riconosciuto Hussein come re dell'Hijaz e di tutti gli arabi. Fu soprattutto per rafforzare l'insurrezione araba che Sir Archibald Murray (comandante in Egitto dal 19 marzo 1916) decise una cauta offensiva nel Sinai e in Palestina. In tutte queste revisioni e azioni militari, nei negoziati e negli accordi tra il governo britannico e gli arabi non si è mai parlato di un "focolare ebraico" in Palestina. È certamente lecito supporre che se questo fosse stato menzionato, gli arabi avrebbero rifiutato del tutto e non avrebbero mai preso El Arish. La maggior parte degli storici concorda su questo punto essenziale.

Il 21 dicembre 1916, gli inglesi presero El Arish, dopo aver costruito una ferrovia e un oleodotto attraverso il deserto. Il 17-19 aprile 1917, gli inglesi furono respinti da una forza combinata di turchi e tedeschi con gravi perdite. Il 28 giugno Murray fu sostituito da Sir Edmund Allenby.

Il 6 luglio iniziò a emergere lo spettacolare eroe di guerra, il colonnello Thomas E. Lawrence, che galvanizzò il movimento arabo e prese Aqaba, dando così inizio alle brillanti spinte contro le guarnigioni turche e soprattutto contro le guardie della ferrovia dell'Hijaz, l'anello più importante delle comunicazioni turche. La storia conferma che tutti questi combattimenti lungo la ferrovia di Hijaz e Aqaba furono condotti esclusivamente dalle forze arabe sotto il comando di Lawrence. Nessuna truppa britannica fu coinvolta in queste campagne chiave e non vi è alcuna menzione di una partecipazione di forze ebraiche. Langer e altri storici ammettono prontamente che senza l'aiuto degli arabi gli inglesi non sarebbero stati in grado di cacciare la Turchia dall'Arabia e dalla Palestina. In realtà, furono gli arabi, sotto la guida di Lawrence, a cacciare i turchi dall'Arabia e dalla Palestina. È del tutto illogico credere che gli arabi, sotto la guida di Lawrence e delle sue promesse, lo abbiano fatto sapendo che una 'Patria per gli ebrei' sarebbe stata la ricompensa per la loro lotta".

Langer prosegue affermando che:

Sul fronte della Palestina, il nuovo comandante britannico, il generale Edmund Allenby, aveva iniziato la sua avanzata nell'ottobre 1917... Il 9 dicembre Allenby prese Gerusalemme. L'avanzata britannica fu ritardata dal fatto che Allenby era stato costretto a inviare grandi contingenti del suo esercito in Francia per affrontare la crisi sul fronte francese, dove l'esercito britannico era stato sconfitto con gravi perdite, e per fermare le vittoriose avanzate tedesche. L'esercito britannico ordinò il ritorno di tutte le sue forze che combattevano in Mesopotamia e in Turchia sui fronti tedesco e francese, per contribuire ad arginare l'avanzata delle truppe francesi e tedesche in Europa.

Sospetto che non ci fossero più truppe britanniche in Palestina, tranne alcune truppe di guarnigione e di rifornimento, la maggior parte delle quali era stata inviata in Francia il 18 marzo 1918. L'affermazione di Langer secondo cui le forze britanniche furono aiutate materialmente dagli arabi è falsa. Furono le forze arabe, aiutate da alcune truppe britanniche rimaste indietro dopo che l'esercito britannico principale era stato inviato in Francia, a combattere per la maggior parte. Langer aggiunge che le forze britanniche posero fine alla presenza turca in Palestina. Suggerisco che il suo racconto è palesemente falso.

Furono le forze arabe a porre fine alla presenza turca in Palestina. Durante le grandi battaglie in Palestina non erano presenti truppe francesi, britanniche o ebraiche. Questo è un fatto indiscutibile. Toynbee e Lawrence rimasero inorriditi ed espressero indignazione per il rapporto di Langer sul *Times di* Londra, dichiarandolo falso. È chiaro che, privato delle sue truppe britanniche, Allenby dovette affidarsi alle forze arabe per continuare la sua campagna contro i turchi, sapendo che gli arabi, ormai induriti alla battaglia, avrebbero spinto i turchi fuori dalla Palestina nella campagna dell'8 settembre 1918. Langer afferma:

> I britannici sfondarono le linee turche vicino al Mediterraneo e iniziarono a schiacciare le forze nemiche. Le forze britanniche, aiutate materialmente dagli arabi guidati da Lawrence, erano ora in grado di spingersi verso nord.

Anche in questo caso, Langer si preoccupa di sminuire il ruolo chiave svolto dalle forze arabe che hanno combattuto la maggior parte degli scontri. A pagina 316 del suo libro, la storica O'Grady esprime la sua opinione sugli eventi in Palestina:

> Con l'esercito britannico in marcia sulla Terra Santa, le prospettive degli ebrei di avere la Palestina nelle mani del Kaiser cominciarono a svanire. Se la Gran Bretagna garantisse agli ebrei del mondo un punto d'appoggio in Palestina, essi lavorerebbero per la Gran Bretagna. I negoziati con il governo britannico iniziarono nel febbraio 1917, con Sir Mark Sykes come principale intermediario. Il 2 novembre 1917, Lord Balfour riassunse i risultati dei negoziati segreti e delle ampie comunicazioni tra privati negli Stati Uniti in una lettera a Lionel Rothschild, il re d'Israele non ancora incoronato.

Questa lettera, che è diventata nota come Dichiarazione Balfour, recita come segue

Caro Lord Rothschild, ho il grande piacere di trasmetterLe, a nome del Governo di Sua Maestà, la seguente dichiarazione di simpatia per le aspirazioni sioniste degli ebrei, che è stata presentata e approvata dal Gabinetto.

Il Governo di Sua Maestà considera con favore l'istituzione in Palestina di una patria nazionale per il popolo ebraico e farà tutto il possibile per facilitare il raggiungimento di questo obiettivo, restando chiaramente inteso che nulla sarà fatto che possa pregiudicare i diritti civili e religiosi delle comunità non ebraiche in Palestina o i diritti e lo status politico di cui godono gli ebrei in qualsiasi altro Paese. Sarei lieto se volesse portare questa dichiarazione all'attenzione della Federazione Sionista.

Gli ebrei hanno cercato di far credere all'opinione pubblica gentile che Lord Balfour, vedendo la "giustizia" della loro causa, avesse scritto la dichiarazione dopo aver "venduto" l'idea al governo britannico. Nel riportare la notizia della pubblicazione della lettera, i sionisti hanno dichiarato:

La Dichiarazione Balfour è giustamente chiamata "Dichiarazione Balfour", non solo perché fu Sir Arthur Balfour, in qualità di Ministro degli Esteri, a redigere la storica lettera, ma anche perché egli, più di ogni altro statista, è responsabile della politica incarnata nella dichiarazione.

Per correttezza nei confronti del popolo ebraico, ho cercato, ma non ho trovato alcun riferimento a Lawrence d'Arabia o allo sceriffo Hussein, o a qualsiasi altro leader del popolo che viveva in Palestina, consultati da Balfour o da Sykes, anche se è stata fatta una ricerca diligente per vedere se questo potesse essere stato registrato e sfuggito all'attenzione dei ricercatori, ma non è stato così. Continua con O'Grady:

E, naturalmente, nulla potrebbe essere più lontano dalla verità. La bozza originale è stata scritta dagli stessi ebrei. Chi era il giudice Brandeis che l'ha scritta? Brandeis era un socialista di estrema sinistra del Partito Democratico statunitense, un giudice della Corte Suprema degli Stati Uniti e un membro di diverse organizzazioni sioniste. Durante i negoziati di Arthur Balfour e Lord Rothschild, che non hanno mai incluso lo sceriffo Hussein o Lawrence d'Arabia, Brandeis ha agito come cittadino americano e non è mai stato autorizzato dal Congresso o dal

Dipartimento di Stato ad agire come portavoce del governo statunitense.

Lo storico O'Grady prosegue affermando che "il Presidente Wilson lo approvò". Ciò solleva importanti interrogativi: Quando Wilson fu coinvolto nelle "discussioni" tra Brandeis, Lionel Rothschild, Lord Balfour e il Partito Sionista Americano, agì in una veste diversa da quella di Presidente?

* In caso contrario, Wilson agì ufficialmente nel suo ruolo di Presidente degli Stati Uniti?

* Il Congresso approvò le azioni di Wilson e furono finanziate dal Congresso degli Stati Uniti?

* Se sì, Wilson era stato autorizzato da una risoluzione del Congresso degli Stati Uniti ad agire in qualsiasi veste?

> Il Presidente Wilson lo approvò e fu quindi sottoposto alla firma di Balfour. Nessun evento nella storia degli Stati Uniti è più umiliante. Non si spiega perché la Dichiarazione sia stata scritta da Brandeis, che non ricopriva alcuna carica governativa, e poi sottoposta a Lionel Rothschild, che non ricopriva alcuna posizione ufficiale nel governo britannico. (Maria O'Grady)

Le attività dietro le quinte che si svolsero sono spiegate dal dottor Jacob de Haas, nella sua biografia del giudice Brandeis:

> Un numero considerevole di bozze [della Dichiarazione Balfour] furono preparate a Londra e trasmesse agli Stati Uniti attraverso i canali del War Office per essere utilizzate dal Comitato politico sionista americano. L'ascendente americano nei consigli di guerra indusse gli inglesi a chiedere il consenso del Presidente Wilson e l'approvazione del linguaggio della Dichiarazione prima della sua pubblicazione.

> La bozza, trasmessa da un governo all'altro, fu consegnata al regime di Brandeis per l'approvazione. Dopo una necessaria revisione, il presidente Wilson, tramite il colonnello House, che era in piena sintonia con gli obiettivi sionisti, autorizzò la trasmissione al governo britannico della versione pubblicata, alla quale tutti i governi alleati diedero a loro volta la loro approvazione.

> Il "regime di Brandeis" si riferisce al Comitato provvisorio

sionista per gli affari generali di cui Brandeis era presidente. Voi, lettori, riuscite a immaginarlo? Le bozze dei cablogrammi, gli Stati Uniti, il Ministero della Guerra britannico, tutti al servizio dei sionisti! Quale immenso potere esercitano!

Anche in questo caso, non si fa cenno ad alcuna consultazione con Hussein, Lawrence, i leader arabi o il popolo palestinese, né sembra che il Congresso degli Stati Uniti fosse a conoscenza dei negoziati segreti tra il Comitato Brandeis del governo non americano e Lord Rothschild, Wilson e Balfour. Solo i sionisti sono stati consultati.

La maggior parte degli studenti di intrighi ebraici sospettava che dietro la Dichiarazione Balfour ci fossero piani e obiettivi britannici ed ebraici. Sebbene gli Stati Uniti fossero in guerra da quasi sette mesi quando la Dichiarazione fu resa pubblica, la sua importanza come fattore di coinvolgimento degli Stati Uniti non passò inosservata.

C'erano molte prove per trarre conclusioni definitive. Tuttavia, le trattative governative per transazioni di questo tipo sono sempre segrete e di solito è molto difficile ottenere prove conclusive al momento della transazione.

Quando l'evento è irreparabile e si perde nelle nebbie del passato, gli uomini tendono a scrivere le loro memorie e a vantarsi di imprese segrete che un tempo hanno sconvolto il mondo. È il caso del signor Landman. È stato segretario onorario del Secondo Consiglio Sionista Congiunto del Regno Unito, editore del *Zionist* e segretario e avvocato dell'Organizzazione Sionista. In seguito è stato consulente legale della Nuova Organizzazione Sionista.

Sotto il titolo "Great Britain, the Jews and Palestine", pubblicato nel *London Jewish Chronicle* il 7 febbraio 1936, il signor Landman scrive in parte come segue

Durante i giorni critici della guerra del 1916, quando la defezione russa era imminente e l'opinione pubblica ebraica era generalmente anti-russa, sperando che la Germania, in caso di vittoria, avrebbe concesso loro la Palestina in determinate circostanze, gli Alleati fecero diversi tentativi per convincere l'America a entrare in guerra al loro fianco. Questi tentativi non hanno avuto successo.

George Picot dell'Ambasciata di Francia a Londra e Gout della Sezione Orientale del Quai d'Orsay, all'epoca in stretto contatto con il defunto Sir Mark Sykes del Segretariato di Gabinetto, colsero l'occasione per convincere i rappresentanti dei governi britannico e francese che il modo migliore e forse l'unico per indurre il Presidente americano a entrare in guerra era quello di assicurarsi la collaborazione degli ebrei sionisti promettendo loro la Palestina.

Così facendo, gli Alleati avrebbero arruolato e mobilitato la potente forza, fino ad allora insospettata, degli ebrei sionisti in America e altrove, a favore degli Alleati sulla base di una contropartita. All'epoca, il Presidente Wilson attribuì la massima importanza al parere del giudice Brandeis.

Sir Mark ottenne il permesso dal Gabinetto di Guerra di consentire a Malcolm di rivolgersi ai sionisti su questa base, ma né Mark Sykes né Malcolm sapevano chi fossero i leader sionisti, e fu a L. J. Greenberg che Malcolm si rivolse per sapere a chi doveva rivolgersi... I sionisti avevano svolto il loro ruolo e contribuito a far entrare l'America, e la Dichiarazione Balfour del 2 novembre 1917 era solo la conferma pubblica dell'accordo verbale del 1916.

Questo accordo verbale è stato fatto con l'assenso e l'approvazione preventiva non solo dei governi britannico, francese, americano e degli altri alleati, ma anche dei leader arabi. Come già spiegato altrove in dettaglio, il dottor Weitzman e il signor Sokolow sapevano che il signor James Malcolm era venuto da loro come emissario del Gabinetto di Guerra britannico, che lo aveva autorizzato a dire a loro nome che l'Inghilterra avrebbe dato la Palestina agli ebrei in cambio dell'aiuto sionista, attraverso il giudice Brandeis, per indurre gli Stati Uniti a venire in aiuto degli Alleati. Sia Sir Mark Sykes che Malcolm informarono i rappresentanti arabi a Londra e Parigi che, senza l'aiuto americano, le prospettive di uno Stato arabo dopo la guerra erano problematiche e che quindi avrebbero dovuto accettare la restituzione della Palestina agli ebrei in cambio del loro aiuto nel coinvolgere gli Stati Uniti.

Dopo molte ricerche, non sono riuscito a trovare i nomi dei "rappresentanti arabi a Parigi e Londra" che sarebbero stati informati del complotto per andare oltre le promesse fatte a

Hussein bin Ali, sceriffo della Mecca e di Medina, e al colonnello Lawrence, e il signor Landman non fa i nomi di questi misteriosi "rappresentanti arabi". Ciò solleva la domanda "perché no? "Dal momento che cita tutti gli altri per nome, perché i "rappresentanti arabi" rimangono anonimi?

È evidente che né Lawrence né Hussein bin Ali furono informati di ciò che stava accadendo, nonostante stessero rischiando la loro vita e quella dei loro uomini nella guerra contro la Turchia, e che non sono stati trovati documenti che indichino che questi due uomini fossero a conoscenza dei negoziati segreti con i sionisti e che fosse stato chiesto loro di inviare i loro rappresentanti a Londra e a Parigi. I sionisti furono informati, ma non il popolo americano, sulle cui spalle si sarebbe combattuta la guerra.

CAPITOLO 16

La "perfida Albione" è all'altezza della sua reputazione

In ogni caso, come la gente comune americana, Lawrence e Hussein bin Ali non sapevano nulla di quello che Ramsey McDonald ha definito "un triplo accordo" che si svolgeva alle loro spalle. E quando arrivò il momento in cui Wilson trascinò l'America nel conflitto europeo contro la volontà della stragrande maggioranza del popolo, la sua scusa trita e ritrita fu che la guerra era una crociata "per rendere il mondo sicuro per la democrazia". Il tradimento di Wilson continua. Il dottor Bella Dodd scrisse nel 1930 che le cose andavano così male sotto Wilson che riteneva "la storia moderna è in gran parte una cospirazione contro la verità". (*La cospirazione contro Dio e l'uomo*, pagina 9)

Ho scoperto che senza il sostegno del barone Edmond Rothschild, gli insediamenti sionisti russi stabiliti a Rison, Zikron e Rosh Pina sarebbero falliti e non ci sarebbe stata praticamente nessuna presenza ebraica in Palestina. Si trattava di una parte fondamentale della strategia dei Rothschild per far credere che gli ebrei vivessero già in Palestina - un sotterfugio che funzionò.

Rothschild contribuì anche alla fondazione di due nuove colonie, Ekron e Medull. Alla fine del secolo esistevano in totale ventuno insediamenti agricoli, ma Rothschild non aveva fiducia nelle capacità dei coloni e insisteva per mantenere la supervisione e il controllo diretto degli insediamenti. Hubert Herring, nel suo libro *And So to War*, riassume il prezzo che gli Stati Uniti hanno dovuto pagare perché i sionisti avessero la Palestina:

Abbiamo pagato per la guerra. Abbiamo pagato con la vita di 126.000 morti, 234.300 mutilati e feriti. Abbiamo pagato con le vite spezzate di centinaia di migliaia di persone che la guerra ha strappato dal loro giusto posto in un mondo pacifico. Abbiamo pagato con l'imponderabile danno arrecato al nostro morale nazionale dalle frustate dell'isteria bellica. Abbiamo pagato con un periodo di confusione economica da cui non siamo ancora usciti. Il costo diretto della guerra ha raggiunto la cifra di cinquantacinque miliardi di dollari. La fattura indiretta non può mai essere calcolata.

E qual era la controparte sionista? Per quanto ho potuto vedere, non c'era assolutamente nulla. Un aspetto interessante è il fallimento di Herzl nell'ottenere la benedizione di Papa Pio X per l'immigrazione ebraica in Palestina:

Non siamo in grado di aiutare questo movimento. Non possiamo impedire agli ebrei di andare a Gerusalemme, ma non possiamo mai benedirla.

Secondo *A History of Zionism*, pagine 129-130, lo scambio avvenne durante un incontro con il Papa nel 1903, il che significa che Lord Arthur Balfour sapeva della forte opposizione della Chiesa cattolica all'immigrazione sionista in Palestina molto prima di firmare la dichiarazione, ma non ne informò nessuno. Lo schema del doppio gioco era quindi già evidente nel 1903.

L'opposizione cattolica a Israele potrebbe aver contribuito all'odio violento dei Rothschild verso la Russia, che ha una grande popolazione cristiana.

Herzl, il padre del sionismo, morì all'età di 44 anni. Secondo *A History of Zionism*, non andò mai d'accordo con i Rothschild o con gli ebrei ortodossi, i cui rabbini più importanti non apprezzavano il suo stile autocratico. Herzl voleva sempre avere l'ultima parola su tutto.

Come hanno sottolineato i critici di Herzl, c'era ben poco di specificamente ebraico in Herzl. Questo è forse più evidente nella sua visione dello Stato ebraico...

Herzl immaginava uno Stato moderno, tecnologicamente avanzato e illuminato, illuminato dagli ebrei, ma non specificamente uno Stato ebraico (*A History of Zionism*, pagg. 132-133).

È difficile sostenere che Herzl fosse interessato alla Palestina come "patria" religiosa per gli ebrei, soprattutto alla luce del fatto che la maggior parte dei nuovi coloni proveniva dalla Russia e non aveva alcun legame precedente con la Palestina e che non c'era alcuna storia di ebrei russi che vivevano lì o di una particolare religione.

La lacca lo dice chiaramente. Lord Chamberlain si offrì di fornire una "patria" agli ebrei in Uganda, anche se non si trattava di una terra da concedere da parte del governo britannico. Chamberlain disse a Herzl di aver visitato l'Uganda e di aver pensato: "Ecco una terra per il dottor Herzl, ma naturalmente lui vuole solo la Palestina o i suoi dintorni". Aveva ragione. Herzl respinse l'idea a priori. La sua fissazione era la Palestina e non avrebbe fatto altro. Il 30 maggio 1903 scrive a Rothschild: "Non sono scoraggiato. Ho già un uomo molto potente che mi aiuta. (*Storia del sionismo*, Walter Laqueur, pagine 122 e 123).

Questo era il vero stile autocratico di Herzl in azione. Sebbene non sia riuscito a scoprire alcun legame diretto tra i Rothschild e Sir Halford Mackinder, la corrispondenza tra intermediari suggerisce che i due uomini si sono consultati su diverse questioni, in particolare sulla stesura del piano per il futuro governo unico mondiale , il Nuovo Ordine Mondiale, la cui realizzazione era stata affidata a Mackinder. Protettore della London School of Economics, che era un focolaio di ideali comunisti, Mackinder fece comunque una buona figura come conservatore e si pensa che abbia influenzato il Presidente Wilson alla Conferenza di pace di Parigi sulle misure da attuare per realizzare un nuovo ordine mondiale attraverso un mandato della Società delle Nazioni. Certamente i Rothschild sono stati determinanti nel portare a compimento il sogno socialista mondiale. Un mese dopo l'arrivo di Wilson alla Conferenza di pace di Parigi, viene pubblicato il nuovo libro di Mackinder, *Ideali democratici e realtà*. Il momento dell'uscita del libro non è stato casuale.

Nel suo libro, Mackinder chiede l'istituzione di un Nuovo Ordine Mondiale (NWO) sotto un unico governo mondiale, apparentemente la Società delle Nazioni. Se questo obiettivo non può essere raggiunto con mezzi pacifici e volontari, si deve ricorrere alla forza.

Mackinder ammise che, sebbene il Nuovo Ordine Mondiale sarebbe stato idealmente un'istituzione democratica, non ci si poteva aspettare che non fosse a volte una dittatura. I sionisti sostenevano che la Società delle Nazioni fosse un loro concetto e Maria O'Grady vi fa riferimento nel suo libro, dove afferma:

> Il Presidente Wilson era circondato dalla confraternita finanziaria ebraica, spinto qua e là dal sinistro Colonnello House e consigliato dal sionista Brandeis. (Pagina 342)

I sionisti promossero fortemente il concetto di Società delle Nazioni e lo rivendicarono come loro creazione:

> La Società è un'idea ebraica, ha detto Nahum Sokolow alla conferenza di Carlsbad. L'abbiamo creata dopo una lotta durata 25 anni.

Un governo mondiale definitivo dominato da socialisti è l'obiettivo di lunga data del socialismo, ed è noto che questo concetto era favorito dai Rothschild. Come membro della propria famiglia, Jacob Schiff si impegnò a fondo per la creazione di una Società delle Nazioni. Ricevette un dono di 3.000 sterline da N.M. Rothschild del ramo londinese della famiglia. Come vedremo, potrebbe esserci stato un secondo fine: la Società avrebbe svolto un ruolo decisivo nella concessione di un mandato per la Palestina al governo britannico, un passo decisivo sulla strada della concessione di una "patria" per gli ebrei in Palestina. In questa prospettiva, torno a Lord Balfour e alla sua cosiddetta "Dichiarazione Balfour", basata su doppi giochi, inganni e accordi segreti alle spalle del colonnello Lawrence e degli arabi.

Balfour si affrettò a spiegare che una "patria ebraica" in Palestina non significava imporre uno Stato ebraico agli abitanti della Palestina, ma alla luce degli eventi successivi, questo divenne l'obiettivo sionista. Come ha detto Balfour:

... ma lo sviluppo della comunità ebraica esistente in un centro in cui il popolo ebraico nel suo complesso potesse nutrire interesse e orgoglio per motivi religiosi e razziali.

Ciò che Balfour non disse fu che nulla di ciò che gli inglesi fecero o dissero poteva nascondere il fatto che la Palestina non apparteneva loro e che il governo britannico non aveva alcun diritto di ottenere un mandato per la Palestina. Ma Balfour, sostenuto da Lord Nathan Rothschild, continuò ad andare avanti, come se i due uomini avessero il diritto intrinseco di agire in qualsiasi modo arbitrario ritenessero opportuno.

Lord Balfour ignorò totalmente il diritto degli arabi e di altri gruppi di popolazione, compresi i cristiani, che risale a più di 7000 anni fa. Walter Laqueur, uno dei maggiori esperti di sionismo, ha confermato che la maggior parte degli ebrei che avrebbero abitato la Palestina secondo la Dichiarazione Balfour proveniva dalla Russia. Non avevano alcun legame precedente con la Palestina. Laqueur ha anche sottolineato che gli ebrei russi non erano molto contenti di essere sradicati dalla Russia e inviati in Palestina:

> Gli ebrei russi erano divisi nel loro atteggiamento verso il sionismo e il focolare nazionale ebraico (una patria religiosa) e non sarebbero stati comunque in grado di mantenere la Russia in guerra. D'altra parte, gli Alleati, per dirla tutta, avrebbero vinto la guerra anche se non fossero state fatte promesse ai sionisti.

Ciò che Laqueur stava spiegando, anche se in modo un po' indiretto, era il "patto" che i sionisti avevano fatto con Balfour, ovvero che se i sionisti fossero riusciti a far entrare in guerra gli Stati Uniti a fianco degli Alleati, i britannici avrebbero in cambio stabilito un focolare ebraico in Palestina.

> In un incontro privato poco dopo l'adozione della Dichiarazione Balfour, quando gli fu chiesto se avesse intenzione di sollecitare il sostegno degli ebrei alla guerra, Balfour rispose "certamente no" e proseguì spiegando che sentiva di aver contribuito a riparare un torto di proporzioni storiche mondiali. Nel 1922 Balfour tenne un discorso in cui affermò che l'intera cultura europea si era macchiata di grandi crimini contro gli ebrei e che la Gran Bretagna aveva preso l'iniziativa di dare loro

l'opportunità di sviluppare in pace i grandi doni che in passato avevano potuto applicare nei paesi della diaspora (*A History of Zionism*, pagina 203).

Balfour non spiegò perché si considerasse legale dare la Palestina agli ebrei quando apparteneva a un popolo che vi aveva vissuto per 7.000 anni, tanto più che un ampio tratto di terra in Madagascar, così come una terra in Uganda, erano stati offerti e rifiutati senza discussione. Balfour non spiegò nemmeno che il suo gesto magnanimo a favore degli ebrei sarebbe andato a scapito degli arabi e delle altre popolazioni non ebraiche della Palestina. Non ha mai spiegato quali legami la maggior parte dei nuovi coloni, provenienti dalla Russia, avesse con la Palestina.

Secondo il dottor Jacob de Haas, le proteste altruistiche di Balfour devono essere messe in discussione, poiché il vero motivo della dichiarazione era quello di far entrare gli Stati Uniti in guerra a fianco degli Alleati.

La conferma delle vere motivazioni della Dichiarazione Balfour venne da un'altra fonte fondata, il Congressional Record, 25 aprile 1939, pagine 6597-6604, che riflette un discorso tenuto al Senato degli Stati Uniti dal senatore Nye:

> È stata pubblicata una serie di libri dal titolo "La prossima guerra". Uno dei volumi di questa serie si intitola "Propaganda nella prossima guerra". Questo volume in particolare è stato scritto da un certo Sydney Rogerson.

> Non sono riuscito a ottenere alcuna documentazione sulla sua formazione; ma l'editore di tutti questi libri, compreso quello intitolato "Propaganda nella guerra che verrà", è un uomo il cui nome è riconosciuto in tutto il mondo come un'autorità in Gran Bretagna. Si tratta del capitano Liddell Hart, collaboratore del *London Times*, scrittore e autorità militare in Europa.

> Mi risulta che questo particolare volume intitolato "Propaganda nella prossima guerra", pubblicato lo scorso autunno e messo in circolazione, invece di essere ampliato, sta ora soffrendo nelle mani di chi vuole ritirarlo dalla circolazione. Qualche giorno fa mi sono presentato in Senato con il volume stesso. Mi dispiace di non averla con me oggi. Mi dicono che questa è l'unica copia di "Propaganda nella prossima guerra" disponibile negli Stati

Uniti. È disponibile, posso prenderlo in prestito se mi capita di averne bisogno in Senato, ma non è più facile da ottenere. Vorrei avere l'intero libro e farlo leggere a tutti i membri del Senato.

Le seguenti citazioni sono tratte da *Propaganda nella prossima guerra*:

> Di tanto in tanto, la questione di quale parte avrebbero preso gli Stati Uniti era in bilico, e il risultato finale faceva onore alla nostra macchina dissacrata. Rimangono gli ebrei. Si stima che dei 15 milioni di persone nel mondo, ben 5 milioni si trovino negli Stati Uniti; il 25% della popolazione di New York è ebrea. Durante la Grande Guerra, abbiamo conquistato questo enorme pubblico ebraico con la promessa di un focolare nazionale in Palestina, considerata da Ludendorf un colpo di genio della propaganda, perché ci ha permesso di fare appello non solo agli ebrei d'America, ma anche agli ebrei di Germania.

George Armstrong, nel suo libro *The Rothschild Money Trust*, spiega come ciò sia avvenuto:

> Non c'è dubbio che prima della seconda elezione del Presidente Wilson nel 1916, egli ci tenne fuori dalla guerra. Né vi è alcun dubbio che sia stato eletto con questo slogan. Perché ha cambiato idea poco dopo le elezioni? Perché fece un accordo con il governo britannico per aiutare gli Alleati? Finora questo è stato un mistero inspiegabile.

CAPITOLO 17

Una giostra a tre decide il destino della Palestina

R amsey McDonald definì la Dichiarazione Balfour una "tripla croce", ma la Società delle Nazioni commise il primo di molti errori concedendo un mandato britannico il 23 settembre 1923, dimostrando fin da subito di non essere un organismo imparziale per definizione. Citando la Dichiarazione Balfour nel preambolo della Commissione del Mandato, essa trattava dei problemi dell'immigrazione e di come si proponeva di affrontarli attraverso una serie di articoli, di cui l'articolo 22 era il più vincolante. Da nessuna parte si affronta la questione della cessione da parte della Gran Bretagna di terre che non le appartengono:

> Considerando che la Società delle Nazioni dichiara: Ovunque le popolazioni non siano ancora in grado di autosostenersi, dovrebbe essere istituito un sistema di governo per loro, in conformità con l'opinione accettata che il benessere e lo sviluppo di questi popoli costituisce una spaventosa fiducia nella civiltà.

Per i non esperti, la sottigliezza del modo in cui le garanzie di Wilson sono state aggirate può non essere immediatamente evidente, ma ciò che l'articolo 23 ha fatto è stato negare le garanzie di Wilson di "autodeterminazione e indipendenza" e sostituirle con il diritto immaginario della Società delle Nazioni di interferire negli affari di nazioni e Stati sovrani, contaminando di fatto il suo stesso statuto. Pertanto, deve diventare ovvio per le persone di buon senso che, fin dal suo inizio, la Società delle Nazioni intendeva interferire negli affari interni di nazioni e Stati sovrani. Questa immoralità e le subdole manovre politiche sono continuate in modo ancora più spudorato quando la Società delle Nazioni ha dato vita al suo figlio bastardo, le Nazioni Unite, che hanno assegnato la Palestina ai sionisti nel 1948, facendo così violenza al "diritto inalienabile dei popoli" incarnato nell'articolo 22 della ormai dimenticata Lega dei Genitori.

Lawrence d'Arabia e lo Sceriffo della Mecca furono sconvolti dal tradimento della promessa britannica ad Amir Hussein, che aveva combattuto l'esercito turco fino allo stremo, credendo alle promesse di Lawrence, secondo cui la Gran Bretagna manteneva sempre la parola data.

Alla Conferenza di pace gli arabi erano rappresentati da Amir Faisal, figlio dello sceriffo Hussein. Aveva comandato le truppe arabe sotto il colonnello Lawrence ed era uno dei firmatari del Trattato McMahon-Hussein, che assicurava per iscritto che la Gran Bretagna avrebbe mantenuto gli impegni e le promesse fatte agli arabi riguardo alla Palestina.

Incapace di comprendere appieno l'inglese e il francese e non essendo un uomo abituato agli intrighi oscuri e ai tradimenti della parola data, Faisal non capisce cosa stia succedendo, così si appella a Wilson, che invia in Palestina una commissione americana, la Commissione King-Crane, per indagare.

Ciò che i membri della Commissione King Crane riferirono a Wilson fu sorprendente: Il 90% della popolazione palestinese si oppose a qualsiasi immigrazione ebraica in Palestina. Citazione dalla relazione della Commissione:

> Sottoporre un popolo così determinato a un'immigrazione illimitata e a costanti pressioni finanziarie e sociali affinché ceda le proprie terre sarebbe una flagrante violazione dei principi appena citati e dei diritti del popolo, anche se sarebbe conforme alle forme della legge , con le migliori intenzioni, è dubbio che gli ebrei possano apparire ai cristiani e ai musulmani come i giusti custodi dei Luoghi Santi, o i custodi della Terra Santa nel suo complesso.

I sionisti erano determinati a insabbiare il rapporto. Wilson, piegandosi ai sionisti che lo circondavano, compromise i suoi principi e un falso "sistema di mandato" sostituì la clausola di "autodeterminazione".

Sotto la supervisione della Società delle Nazioni, viene assegnato agli inglesi un falso "mandato" per la Palestina. La convinzione di Wilson sulla natura "arretrata" delle popolazioni non europee lo convinse che queste avrebbero accettato il sistema del mandato. Il rapporto della Commissione King Crane è stato accantonato, lasciando che l'imperialismo e il sionismo trionfassero sotto la veste dei mandati. La relazione della Commissione è semplicemente scomparsa.

Non è stato pubblicato sul *London Times* o sul *New York Times*, né è stato inserito negli affari della Camera e del Senato. Ripeto, è semplicemente scomparso! Ma fortunatamente per "il diritto inalienabile dei popoli all'autodeterminazione", il rapporto è stato pubblicato in una pubblicazione minore chiamata "Editor and Publisher". Come e perché è "sparito"? Il lettore può trarre le proprie conclusioni, che sono piuttosto ovvie.

> Quando il giudice Brandeis seppe che i funzionari britannici che amministravano il mandato non favorivano gli ebrei, partì immediatamente per la Palestina, accompagnato dal suo biografo, il dottor de Haas. Arrivati in Terra Santa, scoprirono che le notizie erano fin troppo vere. Il dottor de Haas ha scritto che il Comandante in capo britannico e gli aiutanti militari e civili consideravano la Dichiarazione Balfour come un episodio dimenticato della guerra. Il giudice della Corte Suprema degli Stati Uniti si rivolse direttamente a Balfour.

Una nota aggiuntiva: insisto sul fatto che un giudice supremo americano si è recato in Palestina per ammonire un funzionario britannico, un ministro degli Esteri, e ha chiesto che l'amministrazione palestinese fosse rimproverata! Chi ha dato a questo funzionario non americano, a questo rappresentante del governo non americano, tale autorità? Con questa arrogante dimostrazione di potere, Brandeis intimidì tutti coloro che si opponevano alla politica sionista per la Palestina.

> Poche ore dopo, il Ministero degli Esteri britannico ricordò alle autorità militari in Egitto e Palestina non solo il contenuto verbale della Dichiarazione Balfour, ma anche che la questione

era una "questione di giudizio", cioè di grande attualità.

Alcuni funzionari palestinesi chiesero scambi auspicabili e il colonnello Meinertzhagen, un sionista convinto, fu inviato in Palestina. Non ci sono state proteste, né agitazioni politiche. La diplomazia dell'azione diretta di Brandeis aveva ottenuto risultati. (Dott. Jacob de Haas, biografo del giudice Brandeis)

Come può una persona che non ha uno status ufficiale nel governo, né una posizione ufficiale, andare in Palestina e in Gran Bretagna e chiedere che i sionisti vengano obbediti? Forse dovrei tornare sui miei passi e collegare alcuni fili.

È un fatto che quando Brandeis si recò da Balfour, quest'ultimo si mise immediatamente in contatto con Lord Nathan Rothschild, che a quanto pare diede il via libera ai passi che Balfour gli disse di voler compiere. A mio avviso, quindi, esiste un legame preciso tra l'avanzamento dei piani sionisti per la Palestina e Lord Rothschild, che ci riporta direttamente a Balfour e poi a Brandeis.

* Il risentimento arabo si trasformò in violenza nel 1929;

* La controversia tra ebrei e arabi per i diritti sul Muro del Pianto nel Tempio di Erode si trasforma in un conflitto aperto;

* Gli arabi cristiani si uniscono ai maomettani contro gli ebrei.

Una commissione britannica riferì che i disordini erano causati dalla crescente paura degli arabi di una maggioranza ebraica in aumento e dall'acquisizione sistematica di terre da parte degli invasori. La Commissione ha raccomandato di limitare l'immigrazione e l'acquisto di terreni. Nonostante le grida dei sionisti, le raccomandazioni furono accettate. Il governo britannico pubblicò i risultati nel cosiddetto Libro Bianco il 20 ottobre 1930... Nel novembre 1938, il governo britannico annunciò l'abbandono della proposta di spartizione e cercò di promuovere un accordo tra arabi e sionisti. Gli arabi assunsero la comprensibile posizione che il loro Paese era stato loro rubato e che i negoziati erano come contrattare con un ladro per la restituzione di una parte dei propri beni.

Quando gli arabi e gli ebrei non riuscirono a trovare un accordo, gli inglesi annunciarono che avrebbero dovuto trovare una propria soluzione. Nel suo Libro Bianco del 17 maggio 1939, respinse le precedenti interpretazioni della Dichiarazione Balfour in quanto contrarie agli obblighi britannici nei confronti degli arabi. Gli statisti britannici si resero probabilmente conto dell'ingiustizia della Dichiarazione Balfour nei confronti degli arabi quando ormai era troppo tardi per intervenire. Il cosiddetto Libro Bianco di MacDonald del 1939 era un desiderio apparentemente sincero di correggere l'errore del 1917. Nel tentativo di razionalizzare la politica Balfour, il Libro Bianco insisteva sul fatto che la patria ebraica in Palestina esisteva già. Per non lasciare dubbi sulla posizione futura della Gran Bretagna, il Libro Bianco affermava:

"Il governo di Sua Maestà dichiara quindi ora inequivocabilmente che la sua politica non prevede che la Palestina diventi uno Stato ebraico. Ritiene che sarebbe contrario agli obblighi assunti nei confronti del popolo arabo in base al Mandato, nonché alle assicurazioni fornite al popolo arabo in passato, che la popolazione araba della Palestina diventi suddita di uno Stato ebraico contro la sua volontà. La rabbia degli ebrei non conosce limiti. La nuova politica britannica sull'argomento significava la sconfitta dei loro piani accuratamente predisposti e non avevano intenzione di lasciare che la controversia si concludesse con il Libro Bianco. Hanno scatenato una campagna mondiale di abusi contro il governo britannico, integrata da materiale di propaganda che ha completamente distorto i fatti. Giunti infine alla conclusione che la Gran Bretagna, in quanto mandataria, non avrebbe mai permesso loro di creare uno Stato ebraico in Palestina, gli ebrei intrapresero una campagna di violenza per fare pressione sui britannici affinché ripudiassero il loro Libro Bianco o cedessero il Mandato alle Nazioni Unite. "

L'Hagana, organizzata dai sionisti sul modello di un esercito regolare, viene mobilitata e tenuta pronta a colpire. Due gruppi terroristici, l'Irgun Zvei Leumi e la Banda Stern, si scatenano contro le autorità del Mandato britannico e la popolazione della Palestina. I terroristi, seguendo le tradizioni dei loro fratelli khazari in Polonia e Russia, uccidono, bombardano e saccheggiano (Olivia Maria O'Grady)

CAPITOLO 18

I sionisti conquistano la Palestina

Senza andare oltre, abbiamo ora la storia dell'incursione sionista in Palestina, che ha portato a tre guerre, innumerevoli atti di terrorismo e disordini, una totale mancanza di pace che ha afflitto la Palestina e il Medio Oriente e continuerà a farlo fino a quando i diritti di tutte le parti non saranno riconosciuti con giustizia per tutti. Purtroppo, l'errore della Società delle Nazioni è stato perpetuato da una creazione altrettanto bastarda, le Nazioni Unite.

L'8 luglio 1919 il presidente Wilson, dopo aver eseguito gli ordini del colonnello House che li aveva ricevuti dai Rothschild, tornò in patria.

Se Wilson si aspettava di essere accolto come un eroe conquistatore, si sbagliava di grosso. Un'indicazione del fatto che Wilson fosse sotto il controllo di personalità straniere può essere dedotta dal fatto che non portò con sé a Parigi un solo membro della legislatura, e nemmeno un membro del suo stesso partito democratico.

I suoi consiglieri erano per lo più banchieri ebrei di Wall Street e socialisti internazionali anch'essi ebrei. Uno degli aspetti più strani del suo viaggio a Parigi è che lui e il suo entourage hanno accettato regali di gioielli per un valore di oltre 1 milione di dollari da una serie di benefattori non governativi.

La tempesta politica che si è abbattuta sul Presidente quando ha presentato al Senato degli Stati Uniti il suo piano per un governo mondialista è stata diversa da qualsiasi altra esperienza precedente. Molto probabilmente influenzato dal prepotente "atteggiamento" nei confronti della Germania che aveva governato i dibattiti a Parigi, Wilson chiese che il Senato ratificasse il trattato esattamente come era stato presentato, senza alcuna modifica sostanziale e senza dibattito.

Si trattava di uno sviluppo sorprendente della politica statunitense, mai tentato prima. Si trattava di un tutto o niente, basato esclusivamente sulle sessioni segrete a porte chiuse tenutesi a Parigi (la delegazione tedesca rimase in albergo per una settimana e non partecipò). A Wilson non mancò l'appoggio per il suo atteggiamento dittatoriale di un membro americano della Fabian Society, il professor Shotwell, che più o meno disse al Senato di sbrigarsi a ratificare il trattato.

Shotwell era un membro di alto livello del governo segreto statunitense, il Council on Foreign Relations (CFR). Il senatore Robert Owen, che era stato nominato relatore della legge sulla Federal Reserve del 1919, appositamente creata, era ora presidente della commissione del Senato sul Trattato della Società delle Nazioni.

Tra gli altri sostenitori del trattato di Wilson vi erano Eugene Delano, Thomas J. Lamont e Jacob Schiff. Lamont era da tempo un socialista-comunista simpatizzante della Fabian Society, e Schiff in seguito contribuì a finanziare la guerra russo-giapponese del 1904-5 e la rivoluzione bolscevica in Russia. Tutti erano collegati o affiliati ai Rothschild.

In particolare, Schiff era un banchiere di Wall Street che aveva iniziato la sua carriera bancaria con il sostegno finanziario dei Rothschild, di cui era la creazione.

Il 19 marzo 1920, il Trattato di Versailles fu presentato al Senato per la ratifica, ma fin dall'inizio si svilupparono forti obiezioni. Le richieste di Wilson di adottare il trattato "così com'è" irritarono molti senatori che proposero una serie di emendamenti e riserve, che Wilson rifiutò di accettare su consiglio del Colonnello House che agiva per conto dei Rothschild. Il 19 novembre, il Senato respinse il Trattato di Versailles con e senza riserve, considerandolo un grande pericolo per la sovranità della

Costituzione statunitense e un tentativo di usurpare i suoi poteri. Il voto è stato 49-35.

Per una volta, il colonnello House e i Rothschild erano dalla parte dei perdenti. Wilson fece allora una cosa straordinaria: pose il veto alla risoluzione congiunta del Congresso che dichiarava la fine della guerra con la Germania! A questo punto è necessario tornare sui nostri passi: con l'avvicinarsi della Prima guerra mondiale e il tentativo di Wilson di coinvolgere l'America in essa, si levarono voci rabbiose contro Wilson e la sua amministrazione.

In realtà, l'87% del popolo americano si oppone alla guerra, ma non riesce a prevalere sui socialisti internazionali e sui loro banchieri internazionali. Il *Chicago* Tribune si oppone categoricamente all'ingresso dell'America e dichiara che "Brandeis gestisce la Casa Bianca con un telefono segreto". Ciro D. Eaton ha dichiarato:

> L'America si disonora entrando nella guerra mondiale, mentre più tardi (1925), il capitano H. Spencer, nel suo libro *Democracy or Shylockcracy*,[4] ha citato un telegramma in cui Sir William Wisemen, controllore britannico dell'MI6 del Presidente Wilson, diceva: "Brandeis ha chiamato Rothschild". Il giudice Dembitz Brandeis era senza dubbio sotto il controllo dei Rothschild. Molto tempo dopo il rifiuto del Senato degli Stati Uniti di ratificare il Trattato di Versailles, si sentivano ancora forti voci di antiamericanismo.

Ad esempio, Paul Hymens, ex ministro degli Esteri belga, ha dichiarato:

> "L'America rifiutò di ratificare il trattato e considerò illegittimo l'uomo che si era recato in Europa per agire a suo nome". (*The New York Evening Post*, 16 luglio 1925)

---

[4] *Democrazia o usurocrazia, essendo* Shylock il nome dell'usuraio ebreo nel *Mercante di Venezia* di Shakespeare.

Non si trattava di una novità per quanto riguarda il carattere del Presidente Wilson. Mentre mobilitava tutte le forze politiche di cui era a conoscenza per far entrare gli Stati Uniti nella Prima Guerra Mondiale, sotto le forti pressioni dei Rothschild attraverso il Colonnello House, Wilson aveva violato in modo grossolano e violento la Costituzione degli Stati Uniti, imponendo al Congresso degli Stati Uniti una legge che prevedeva l'invio delle milizie statali a combattere in Francia.

Questa rimane, a mio avviso, una delle peggiori violazioni della Costituzione degli Stati Uniti nella storia americana; perché Wilson lo fece contro la Costituzione, sapendo esattamente quale grave errore stava commettendo in spregio al suo giuramento.

Ma prima di fornire i dettagli dell'orribile crimine di Wilson contro il popolo americano, tralasciando i crimini contro gli arabi e i palestinesi, vorrei fornire alcuni fatti finora sconosciuti sull'uomo che era il controllore e l'alter ego di Wilson, il colonnello Mandel House, semplicemente perché quest'uomo misterioso e sinistro ha giocato un ruolo così importante nella storia americana da parte dei margini, oltre al fatto che era un amico intimo dei Rothschild.

Edward Mandel House era figlio di Thomas William e di Elizabeth (nata Shearn). House emigrò negli Stati Uniti nel 1837 e si stabilì in Texas, dove fu coinvolto nell'industria del cotone e si dedicò all'attività bancaria per conto dei Rothschild.

House, il più anziano, ha sempre agito come agente di fiducia dei Rothschild. Edward ha studiato alla Cornell ed è diventato consigliere del governatore del Texas senza ricoprire una posizione ufficiale, una carriera che è stata replicata nell'amministrazione Wilson.

Lo Stato del Texas nominò il giovane House colonnello onorario, titolo che mantenne per tutta la sua straordinaria carriera. Non ci sono indicazioni sul perché lo Stato del Texas abbia favorito Edward House.

All'inizio del 1900, i Rothschild inviarono House in Europa per imparare come i banchieri controllano la politica e i politici. Al suo ritorno in America, House divenne il leader della politica democratica e fu lui a scegliere Woodrow Wilson come candidato presidenziale del Partito Democratico.

House fu in gran parte responsabile del successo di Wilson nel vincere le elezioni e poi nello sviluppare le sue politiche, in particolare la politica estera. Alcune vere autorità in materia ritengono che House sia stato l'intermediario degli ordini dei Rothschild per la creazione delle banche del Federal Reserve System, sebbene la Costituzione degli Stati Uniti proibisca la creazione di qualsiasi banca centrale per controllare la valuta del Paese.

È lecito affermare che House ha presieduto venticinque anni fatali che hanno cambiato per sempre il volto degli Stati Uniti e hanno portato a un governo federale privo di leggi che ha distrutto in pochi anni ciò che i Padri fondatori e la generazione successiva avevano impiegato quasi duecento anni per costruire.

Wilson fu il primo presidente degli Stati Uniti ad assumere di fatto lo status di imperatore di quello che sarebbe diventato l'impero degli Stati Uniti d'America, forza trainante e leader di un nuovo ordine mondiale in un unico governo internazionale socialista.

CAPITOLO 19

I Rothschild fondano una banca centrale in America

Nuovi cambiamenti sono avvenuti in Europa sotto la tutela della dinastia Rothschild, forse i più importanti dei quali sono :

* L'ascesa di Napoleone Ier come agente scelto dai Rothschild per rovesciare i monarchi d'Europa;

* La caduta della dinastia Romanov e la distruzione della Russia cristiana per mano dei comunisti bolscevichi;

* La guerra di genocidio anglo-boera, una guerra molto importante a cavallo del XIX secolo, che è stata in parte ignorata.

Credo che questi profondi cambiamenti non avrebbero potuto e non avrebbero avuto luogo senza la guida della dinastia Rothschild e l'impegno delle sue vaste risorse finanziarie a questo scopo.

Prima di passare agli avvenimenti della Russia pre-bolscevica, illustrerò la storia di ciò che portò all'intervento dei Rothschild in Sudafrica per assicurarsi i più grandi giacimenti d'oro e di diamanti del mondo, che sfociò nella guerra anglo-boera del 1899-1903.

Negli anni Trenta del XIX secolo, i contadini del Capo (noti come boeri) si spostarono nel vasto entroterra disabitato in quello che divenne noto come il Grande Trek. Non sopportavano le interferenze britanniche nelle loro vite, in particolare la liberazione degli schiavi. Superarono grandi difficoltà viaggiando per migliaia di chilometri su carri trainati da buoi, spesso su montagne impervie, e si stabilirono nelle terre aride di quelle che sarebbero diventate le repubbliche dell'Orange Free State e del Transvaal.

Quando furono fatte enormi scoperte di diamanti e oro, le aride terre furono immediatamente ambite dai Rothschild che inviarono un agente nella persona di Cecil John Rhodes per rivendicarne il possesso e il controllo a loro nome. Nel 1898, Rhodes, l'agente Rothschild in Sudafrica, chiese a Lord Rothschild di rilevare gli interessi francesi nelle miniere di diamanti, aprendo la strada al pieno controllo dei Rothschild.

Il governo britannico "annesse" un'area dello Stato Libero di Orange nota come Griqualand West (il sito delle scoperte di diamanti) e tre anni dopo annesse il Transvaal, sebbene in entrambi i casi non avesse alcun diritto legale o legittimo sul territorio, una tattica che avrebbe usato di nuovo in Palestina nel 1917 (vedi Dichiarazione Balfour).

Cecil Rhodes fu il principale istigatore della guerra boera. I favolosi giacimenti d'oro riccamente venati, che si estendevano per 200 miglia da est a ovest, erano un bottino scintillante che i Rothschild erano determinati ad acquisire. L'attrito con la Gran Bretagna divenne endemico, poiché i boeri si rifiutarono di riconoscere le pretese fasulle della Regina Vittoria sullo Stato Libero di Orange e sulle repubbliche del Transvaal.

L'incursione di 600 uomini armati sotto Starr Jameson per rovesciare il governo boero del presidente Paul Kruger fu una chiara provocazione.

Questo fu il preludio alla guerra anglo-boera, che scoppiò nel 1899, dopo che le macchinazioni di Rhodes per raggiungere gli obiettivi desiderati dal governo britannico di catturare i giacimenti di oro e diamanti fallirono.

I boeri erano di origine olandese, irlandese, scozzese, inglese e tedesca. Erano migrati verso la punta più meridionale dell'Africa, nota come "Capo", dove gli olandesi e poi gli inglesi avevano stabilito una stazione di rifornimento di carburante, cibo e acqua dolce per le loro navi che commerciavano tra l'Estremo Oriente e l'Europa. Nel luogo poi conosciuto come Città del Capo, sotto la dominazione olandese si stabilì una fiorente comunità indipendente.

A quel tempo non c'erano neri (Bantu) in Africa a sud del fiume Zambesi, nel vasto entroterra vuoto tra il Capo e il fiume Zambesi a nord. Lungo la costa del Capo vivevano solo alcuni "ottentotti" nomadi - un popolo non bantu, di tipo mongolo - che si guadagnavano da vivere in modo precario con il beachcombing e lo scavenging. Ben presto divennero lavoratori negli orti della Compagnia olandese delle Indie orientali. Ma gli inglesi invasero la Colonia del Capo e istituirono una propria amministrazione sotto la British East India Corporation (BEIC), una società di commercio dell'oppio con sede a Londra.

Da questo infausto inizio nacque una comunità prospera e vivace in cui gli olandesi si integrarono. Dopo l'invasione britannica, il BEIC di Londra iniziò a interferire seriamente negli affari interni della comunità olandese.

Gli olandesi, chiamati "boeri" (contadini), iniziarono quindi a organizzare un piano per lasciare il Capo e a "camminare" (viaggiare) attraverso le vaste pianure disabitate del nord. Dopo questo lungo viaggio, i boeri arrivarono e si stabilirono nelle terre disabitate che chiamarono Repubblica dello Stato Libero di Orange e Repubblica del Transvaal. Vorrei sottolineare che le migliaia di chilometri quadrati di terra attraverso cui passarono i boeri erano prive delle razze bantu che vivevano a nord dello Zambesi. Contrariamente alla storia popolare, i boeri non hanno sottratto il Transvaal e lo Stato Libero di Orange ai bantu.

La scoperta del più ricco giacimento d'oro mai conosciuto fece entrare in scena Rodi e da quel momento la regina Vittoria iniziò a far valere le sue infondate pretese sulle nuove repubbliche. La guerra era inevitabile dopo che Vittoria aveva rifiutato le proposte di pace del credente Paul Kruger.

La regina Vittoria era decisa a entrare in guerra e nel 1899 il governo britannico inviò i primi contingenti di truppe, che nel 1901 erano diventati ben 400.000, per sconfiggere una guerriglia che non superava mai gli 80.000 uomini in campo, molti dei quali avevano tra i quattordici e i settantacinque anni.

L'epica lotta dei boeri dovrebbe servire da modello per tutti i Paesi minacciati da grandi governi tirannici. Per quasi tre anni, i soldati-contadini combatterono e sconfissero l'orgoglio dell'esercito britannico.

I boeri accettarono di porre fine ai combattimenti solo dopo che 27.000 delle loro donne e dei loro bambini morirono nei disumani campi di concentramento istituiti da Lord Kitchener e Alfred Milner, un servitore dei Rothschild. Dopo aver visto il loro bestiame massacrato, le loro fattorie bruciate e le loro donne e bambini morire a migliaia a causa delle politiche genocide di Lord Milner, i guerrieri boeri furono costretti a tornare dai campi e a deporre le armi.

Per tutta la durata della lotta, Rhodes tenne informati i suoi padroni, i Rothschild, ed eseguì alla lettera le loro istruzioni. Ancora oggi, N.M. Rothschild controlla il commercio dell'oro da Londra. Rhodes operò in un'epoca in cui l'Impero britannico era la forza politica, economica e militare più potente del mondo, ma i boeri non ebbero paura di affrontare l'Impero in una guerra che sapevano di non poter vincere, ma che combatterono con sorprendente coraggio, determinazione e audacia.

L'Impero britannico, come gli imperi persiano, assiro, babilonese e romano, era costruito su due pilastri: la spogliazione delle proprietà dei loro "domini" e l'uso della schiavitù virtuale degli abitanti per portare a termine questo compito.

Le famiglie "nobili" dell'Inghilterra possono essere fatte risalire alla nobiltà nera veneziana e genovese e alle grandi famiglie bancarie di quelle città-stato. Erano i maestri della propaganda e non persero il controllo, che fu la loro arma più efficace nella guerra boera e nella prima e seconda guerra mondiale. Dietro il governo c'erano le famiglie bancarie, di cui le banche Rothschild erano le più potenti e influenti. Alcuni storici hanno mantenuto la convinzione che la fortuna ricevuta dal Sudafrica abbia "arricchito i Rothschild".

È un'affermazione che non condivido. I Rothschild erano ricchi oltre ogni immaginazione molto prima che il loro agente, Cecil John Rhodes, un maestro dell'inganno e del trucco, un uomo che odiava il cristianesimo, facesse dei tesori d'oro e di diamanti del Sudafrica il monopolio dei Rothschild. Dai documenti e dalle carte che ho studiato al British Museum di Londra, risulta che poco prima della morte di Mayer Amschel la sua fortuna superava quella degli uomini più ricchi del mondo.

L'entità della fortuna dei Rothschild non è mai stata rivelata, ma si sa che è cresciuta a un ritmo astronomico.

Amschel conosceva il potere del denaro e, come l'anziano John D. Rockefeller che adottò la sua filosofia di segretezza, Mayer sapeva che la segretezza è fondamentale per il successo. La sua convinzione religiosa che gli ebrei siano il popolo eletto da Dio non ha mai vacillato e ha manifestato questa sua convinzione in ogni occasione, pubblica e privata. Per dare un'idea della ricchezza dei Rothschild, fornisco i seguenti dati:

> Suo figlio Lionel fu amico e consigliere del Principe Consorte e di Disraeli, di cui la Sidonia di *Coningsby* è un ritratto idealizzato (e poco mascherato)...

> Fece approvare il Disabilities Bill che consentiva agli ebrei di ricoprire cariche in Inghilterra. ha anticipato al governo britannico il denaro per il prestito della carestia irlandese (circa 40.000.000 di dollari) e per la guerra di Crimea (circa 80.000.000 di dollari) e per ventiquattro anni ha agito come agente del governo russo.

> Fu determinante per il successo del finanziamento del debito nazionale degli Stati Uniti, fornì i fondi per l'acquisto immediato delle azioni del Canale di Suez; fu anche attivo nel facilitare il pagamento dell'indennità francese alla Germania; nel dirigere le finanze dell'Impero austriaco e il prestito egiziano di 8.500.000 sterline (circa 40.000.000 di dollari). (*Enciclopedia Ebraica*, vol. 10, pagg. 501-502)

La fortuna di Jacob (James) Rothschild, indipendente da quella di Lionel o di qualsiasi altro membro della famiglia, è stata stimata dagli storici in 200 miliardi di dollari al momento della sua morte, secondo l'autore Armstrong che ha scritto:

"Ma si trattava solo di una stima, poiché non è stato depositato l'inventario dei suoi beni".

Ciò era ovviamente in linea con uno dei principi dichiarati da Amschel, ovvero il mantenimento della segretezza. Soprattutto, i Rothschild sono sempre stati coinvolti nel finanziamento delle guerre.

Hymym Solomon (noto anche come Haim) ha contribuito a finanziare la Rivoluzione americana. Seligman Brothers e Speyer and Company finanziarono il Nord e Messs Erlanger il Sud durante la Guerra Civile. Più recentemente, nel grande sviluppo del finanziamento ferroviario, Kuhn, Loeb and Company ha svolto un ruolo di primo piano.

Anche se non lo dice con tante parole, è chiaro a chiunque abbia un minimo di conoscenza delle banche dell'epoca che i Rothschild finanziarono il Nord e il Sud attraverso prestanome e banche. Ci sono state varie stime della ricchezza dei Rothschild, e uno che forse ne sapeva di più, il conte Cherep-Spiridovich, ha stimato che hanno guadagnato 100 miliardi di dollari solo dalla Prima Guerra Mondiale.

Lo storico John Reeves, in *The Rothschild: Financial Controllers of Nations*, offre una buona panoramica dei successi dei Rothschild:

> Mayer non poteva prevedere che i suoi figli, negli anni successivi, avrebbero esercitato un'influenza così illimitata da far dipendere la pace delle nazioni dal loro cenno; che il loro potente controllo dei mercati monetari europei avrebbe permesso loro di ergersi ad arbitri della pace e della guerra, potendo, a loro discrezione, fornire o negare i mezzi finanziari necessari per condurre una campagna militare.

> Ma, per quanto possa sembrare incredibile, questo è ciò che la loro vasta influenza, unita alla loro enorme ricchezza e al loro credito illimitato, ha permesso loro di fare, perché non c'era nessuna società abbastanza forte da opporsi a lungo, o abbastanza avventata da intraprendere un affare che i Rothschild avevano rifiutato.

Una breve nota di spiegazione: i Rothschild hanno talvolta

rifiutato un'offerta, per quanto valida, semplicemente per punire una particolare nazione o società per qualche misfatto, immaginario o reale. Se altri banchieri avessero accettato ciò che i Rothschild avevano rifiutato, la loro punizione sarebbe stata rapida.

CAPITOLO 20

La Costituzione degli Stati Uniti calpestata da legislatori corrotti al soldo dei Rothschild

Mi sono spesso posto la domanda:

> "Come hanno fatto gli Stati Uniti, con la loro Costituzione, la legge più alta del paese, che proibisce una banca centrale, ad avere un'istituzione del genere, in totale violazione della Costituzione? "

Rispondere a questa domanda richiederebbe migliaia di pagine di spiegazioni, ma nella breve discussione che segue cercherò di dare un'idea di come le banche della Federal Reserve siano state imposte al popolo americano.

In primo luogo, la Federal Reserve Bank non è "federale" perché è di proprietà di azionisti anonimi e non del governo degli Stati Uniti. In altre parole, si tratta di una banca privata mascherata da istituzione del governo federale.

In quanto tale, non è responsabile nei confronti del popolo americano, come dimostra il fatto che non è mai stata sottoposta a revisione contabile da parte di revisori governativi, come richiesto dalla legge se fosse una banca statale. Il grande Louis T. McFadden, presidente della commissione bancaria della Camera, disse una volta in aula:

> "... Il sistema bancario della Federal Reserve è la più grande frode della storia, una frode ai danni del popolo americano. "

Venerdì 10 giugno 1932, nel corso di un dibattito alla Camera dei Rappresentanti sulla Federal Reserve Bank, il coraggioso

McFadden disse:

"Signor Presidente, in questo Paese abbiamo una delle istituzioni più corrotte che il mondo abbia mai visto. Mi riferisco al Federal Reserve Board e alle Federal Reserve Banks. Il Federal Reserve Board, un organo governativo, ha truffato il governo degli Stati Uniti e il popolo degli Stati Uniti con una quantità di denaro sufficiente a pagare il debito nazionale. Le depredazioni e le iniquità del Consiglio della Federal Reserve e delle Banche della Federal Reserve, agendo congiuntamente, sono costate a questo Paese una quantità di denaro sufficiente a pagare il debito nazionale molte volte.

Questa istituzione malvagia ha impoverito e rovinato il popolo degli Stati Uniti, ha rovinato se stessa e ha praticamente rovinato il nostro governo. Lo ha fatto a causa dei difetti della legge in base alla quale opera, a causa della cattiva amministrazione di tale legge da parte del Federal Reserve Board e a causa delle pratiche corrotte dei ricchi avvoltoi che la controllano. Alcuni pensano che le banche della Federal Reserve siano istituzioni del governo degli Stati Uniti. Non sono istituzioni governative. Si tratta di monopoli creditizi privati, che sfruttano il popolo degli Stati Uniti a vantaggio proprio e dei loro clienti stranieri; di speculatori e truffatori stranieri e nazionali; di ricchi prestatori di denaro predatori. In questa oscura ciurma di pirati della finanza, c'è chi taglierebbe la gola a un uomo pur di avere un dollaro dalla sua tasca...

I 12 monopoli creditizi privati sono stati imposti in modo ingannevole e ingiusto a questo Paese da banchieri europei che hanno ringraziato la nostra ospitalità minando le nostre istituzioni americane. Questi banchieri hanno prelevato denaro da questo Paese per finanziare una guerra contro la Russia. Hanno creato un regno del terrore in Russia con i nostri soldi... Hanno finanziato le riunioni di massa del malcontento e della ribellione di Trotsky a New York. Pagarono il passaggio di Trotsky da New York alla Russia, affinché potesse contribuire alla distruzione dell'Impero russo. Fomentarono e incitarono la rivoluzione russa e misero a disposizione di Trotsky un grande fondo di dollari americani in una delle loro banche in Svezia. È stato detto che il Presidente Wilson è stato ingannato dalle attenzioni di questi banchieri e dalle posizioni filantropiche da loro adottate. Si dice che quando scoprì come era stato ingannato dal colonnello House, si rivoltò contro quell'impiccione, quel "santo monaco" dell'impero finanziario, e gli mostrò la porta. Ha avuto l'eleganza di farlo e, a mio parere, gli va riconosciuto un grande merito.

Nel 1912, la National Monetary Association, sotto la presidenza del defunto senatore Nelson Aldrich, riferì e introdusse una legge viziosa chiamata National Reserve Association bill. Questa proposta di legge viene generalmente chiamata "legge Aldrich".

Era lo strumento, ma non il complice, dei banchieri europei che da quasi vent'anni tramavano per creare una banca centrale in questo Paese e che, nel 1912, avevano speso e continuavano a spendere enormi somme di denaro per raggiungere il loro obiettivo.

... Sotto la tutela di quei sinistri personaggi di Wall Street che stavano dietro al Colonnello House, l'istituzione monarchica mangiata dai vermi della "Banca del Re" è stata fondata qui nel nostro libero Paese per controllarci da cima a fondo e incatenarci dalla culla alla tomba. Il Federal Reserve Act ha distrutto il nostro antico e caratteristico modo di fare affari...

Ha imposto a questo Paese la stessa tirannia da cui gli autori della Costituzione hanno cercato di salvarci.

Il pericolo contro il quale il Paese era stato messo in guardia è arrivato e si manifesta nella lunga serie di orrori che accompagnano gli affari infidi e disonesti del Federal Reserve Board e delle Federal Reserve Banks... L'Aldrich Bill è stato creato da banchieri di origine europea a New York. Era una copia e in genere una traduzione della Reichsbank e di altre banche centrali europee". (In particolare la Banca d'Inghilterra)

> (Estratto dagli archivi della Camera dei Rappresentanti, discorso del deputato Louis T. McFadden)

Giovedì 15 giugno 1933, McFadden si schierò ancora una volta contro l'imposizione di una banca centrale all'America, in chiara violazione della Costituzione statunitense. Parlando davanti alla Camera dei Rappresentanti, McFadden si è lamentato dei banchieri stranieri che si appropriano del denaro e del credito del popolo americano, e si è concentrato su Jacob Schiff, che ha affermato essere un agente dei Rothschild:

> Ha anche attaccato il signor Mayer, che è il cognato del signor George Blumenthal, un membro dello studio J. P. Morgan and Company, che, a quanto mi risulta, rappresenta gli interessi dei Rothschild... Voglio che sia perfettamente chiaro che, mettendo il signor Mayer a capo del Federal Reserve System, lo consegnate interamente a questo gruppo finanziario internazionale.

In che modo gli Stati Uniti sono stati costretti alla schiavitù del sistema della Federal Reserve Bank? La risposta è davvero molto semplice:

Ciò è stato ottenuto grazie al potere finanziario dei Rothschild e a un gruppo di traditori alla Camera e al Senato degli Stati Uniti, pronti a vendere la propria anima in cambio di una vita di opulenza e agio. Uomini del genere si trovano in ogni Paese e non c'è modo di difendersi dal loro tradimento. Le loro vili azioni continuano a raccogliere un raccolto amaro. Per aver osato rivelare la verità su come August Belmont fosse entrato negli Stati Uniti al solo scopo di ottenere il controllo di politici che avrebbero permesso ai Rothschild di imporre il loro controllo sulla moneta e sul credito degli Stati Uniti, McFadden è stato assassinato.

Ci sono stati tre tentativi di assassinio, uno con un colpo di pistola che non è andato a buon fine, e due tentativi di avvelenamento, l'ultimo dei quali ha ucciso questo grande e coraggioso americano. I suoi assassini non sono mai stati trovati e la giustizia deve ancora essere fatta.

Così, un grande patriota cristiano americano è stato messo a tacere, è stato commesso un atto criminale indicibile ed è stata imposta la schiavitù finanziaria al popolo americano. Finché i rappresentanti eletti dal popolo alla Camera e al Senato degli Stati Uniti manterranno il loro giuramento di preservare e proteggere l'America dalle devastazioni dei banchieri internazionali che stanno guidando l'assalto del socialismo internazionale alla Costituzione, le benedizioni della libertà saranno le benedizioni del popolo americano.

Ma quando i nostri rappresentanti si inchinano al potere monetario dei banchieri internazionali e si prostituiscono sull'altare del potere monetario dei Rothschild, è giunto il momento per noi, il popolo, di perdere la nostra libertà e i diritti garantiti dalla Costituzione.

Il Federal Reserve Act è stato un colpo di mazza contro la Costituzione, un altro chiodo nella bara di un popolo americano un tempo libero. La legge sulla Federal Reserve è stata una progressione su una strada che si concluderà con la distruzione totale della Costituzione. Uno dei tirapiedi dei Rothschild, Lord Bryce, disse che ci sarebbero voluti cinquant'anni per distruggere la forma di governo repubblicana garantita al popolo americano dalla sua Costituzione. Lord Bryce aveva previsto che :

> La sicurezza fornita dalla protezione della Costituzione scomparirà come la nebbia del mattino.

Si tratta dello stesso Lord Bryce che, attraverso false testimonianze, pubblicò palesi bugie sulle atrocità tedesche in Belgio, che portarono gli Stati Uniti alla Prima Guerra Mondiale.

Dopo aver preso il controllo delle principali banche europee ed essere diventati i prestatori di prima istanza di tutti i governi del continente e dell'Inghilterra, i Rothschild presero il controllo della Banca d'Inghilterra. Per nascondere questo fatto, fu decretato che i nomi degli azionisti della banca non dovevano mai essere resi pubblici:

> Questo potere permise l'istituzione del gold standard, prima nell'Impero britannico e poi in altri Paesi, come indicato. Hanno acquisito una partecipazione di controllo nella Banca d'Inghilterra, di cui il defunto Lord Rothschild era agente e governatore dell'oro.

> La Banca d'Inghilterra è uno dei loro numerosi fronti. Non c'è dubbio che abbiano una partecipazione di maggioranza nella maggior parte delle altre banche centrali di emissione. In stretta osservanza della segretezza, principio cardine della leadership dei Rothschild fin dall'inizio, la Banca d'Inghilterra si rifiuta di rivelare i propri azionisti.

> Essi [i Rothschild] inviarono un loro agente, Paul Warburg,

come rappresentante in America, poco prima della Prima Guerra Mondiale, per cambiare i nostri sistemi bancari. Attraverso la proprietà e il controllo delle banche private J. P. Morgan and Co. e Kuhn, Loeb and Co. possedevano e controllavano le principali banche e società fiduciarie nazionali di New York , e attraverso di esse controllavano il sistema federale di New York... Per controllare l'espansione e la contrazione del credito a piacimento è essenziale che ci sia un'autorità suprema con il potere di aumentare o diminuire il volume di denaro in circolazione a piacimento.

Prima del regime dei Rothschild, questo potere apparteneva ai re e agli imperatori del mondo, che erano l'autorità suprema. Nel nostro Paese (gli Stati Uniti), la nostra Costituzione nazionale ha conferito questo potere (unicamente) al Congresso degli Stati Uniti... Sotto l'influenza dei Rothschild, i sistemi bancari di tutto il mondo sono stati radicalmente modificati. Il potere supremo di emettere moneta e di concedere credito fu trasferito dai vari governi ai banchieri dei rispettivi Paesi. La Banca d'Inghilterra divenne il modello per le altre banche centrali del mondo. All'epoca dell'istituzione del Federal Reserve System, il nostro governo era l'unico di una certa importanza a pretendere di esercitare il proprio diritto sovrano di emettere e controllare il volume di denaro in circolazione. L'istituzione del Federal Reserve System ha comportato la completa cessione alla confraternita bancaria del potere sovrano del popolo americano di regolare i titoli attraverso i propri rappresentanti al Congresso, come garantito dalla Costituzione nazionale.

Il panico del 1907 fu, come tutti gli altri panici, un panico manipolato. Il problema fu causato dal rifiuto della Reserve Bank di New York di pagare la valuta ai depositanti delle banche nazionali, costringendo così queste ultime a rifiutarsi di pagare i propri depositanti in valuta. Il problema era quindi dovuto principalmente a un'insufficiente quantità di moneta in circolazione e a un metodo inadeguato per aumentarne l'offerta.

Nel bel mezzo della campagna per la riforma del nostro sistema bancario e monetario (per evitare ulteriori manipolazioni indotte dal panico), Paul Warburg, un ebreo tedesco, giunse in America da Francoforte sul Meno, la patria dei Rothschild. Quando arrivò qui, era all'epoca membro della Kuhn, Loeb and Company di New York, la filiale americana dei Rothschild.

Ecco un rapporto dell'intelligence navale su di lui nel dicembre 1918:

> "Warburg, Paul, New York City, tedesco; naturalizzato americano nel 1911, è stato decorato dal Kaiser; è stato vicepresidente della Federal Reserve statunitense, è un banchiere ricco e influente; ha gestito grandi somme di denaro fornite dalla Germania per Lenin e Trotsky; il soggetto ha un fratello a capo del sistema di spionaggio tedesco. "

> Il Federal Reserve System è il prodotto dei Rothschild e la sua adozione è stata ottenuta con gli stessi mezzi sotterranei e ingannevoli che usano sempre per raggiungere i loro obiettivi. È ovvio che Paul Warburg è venuto in America per riformare il nostro sistema bancario e monetario ed è ovvio che lui e i Rothschild hanno anticipato la guerra mondiale [Prima Guerra Mondiale 1914-1918], anche se questa si è verificata solo tre anni dopo.

> Questa è la sordida storia del più grande disastro che sia mai capitato al popolo americano. Abbiamo quindi ceduto a Jeroboam Rothschild e ai suoi successori il completo dominio sul nostro benessere e sulla nostra felicità. In precedenza, una grande influenza era esercitata dalle sue banche Morgan and Company, Kuhn, Loeb and Company e dalle loro filiali, ma ora la sua autorità è suprema e illimitata. Questa resa ha perfezionato il suo controllo sull'economia di tutti i popoli del mondo.

> (Emmanuel Josephson, *Rothschild Money Trust*, pagine 36, 40, 41, 132 134 e 1600)

CAPITOLO 21

I Rothschild ostacolano la costituzione americana

L a cosa più sorprendente dell'audace dirottamento del credito e della massa monetaria degli Stati Uniti da parte dei Rothschild è che è stato realizzato nonostante le severe disposizioni della Costituzione degli Stati Uniti che vietano la creazione di una banca centrale.

Le parole di Gesù Cristo alla sua crocifissione ci ricordano che egli disse: "Padre, perdona loro, perché non sanno quello che fanno". Questa preghiera di perdono era per e a nome dei soldati romani, non per il Sinedrio, che aveva chiesto la sua esecuzione.

Questo è ciò che diciamo di quei membri del Congresso degli Stati Uniti che non sapevano cosa stava succedendo, non capivano la gigantesca truffa di cui erano vittime e, cosa peggiore, ignoravano la Costituzione che avevano giurato di difendere:

"Padre, perdona loro, perché non sanno quello che hanno fatto".

Ma per i traditori, gli ingannatori, i bugiardi e i traditori che sapevano quello che facevano, dico che la morte per impiccagione per tradimento, come suggerito dai redattori della Costituzione, sarebbe stata un destino troppo misericordioso per loro.

Alcuni esperti dell'epoca si chiesero perché il Federal Reserve Act fosse stato introdotto quando lo era.

Mi vengono in mente due motivi. Con un presidente socialista docile alla Casa Bianca, gli architetti della Federal Reserve sapevano che la guerra era imminente. Era quindi essenziale che la banca centrale fosse operativa prima dell'inizio delle ostilità.

La storia successiva ha dimostrato che la legge sulla Federal Reserve fu approvata in tempo per l'imminente guerra. Senza i massicci finanziamenti forniti dagli Stati Uniti, ci sono tutte le ragioni per credere che la Prima guerra mondiale non sarebbe avvenuta.

La seconda ragione è, ovviamente, la più ovvia: Il controllo totale delle banche e delle finanze statunitensi.

L'approvazione dell'illegale e incostituzionale Federal Reserve Act permise ai Rothschild, grazie al tradimento di Wilson, di trascinare gli Stati Uniti nella Prima Guerra Mondiale, che causò la morte di milioni di giovani cristiani, il fiore delle nazioni europee e americane, e costò agli Stati Uniti miliardi di dollari.

I traditori non furono mai puniti e l'America soffre ancora oggi per gli effetti di quella terribile guerra e di quella che seguì, oltre che per la morsa dei Rothschild su un'America presumibilmente "libera", da cui continuano a trarre profitti osceni.

Ogni vera libertà per il popolo americano è finita il giorno in cui i Rothschild hanno preso il controllo del denaro, del credito e dell'economia americana creando le Federal Reserve Banks. Quando consideriamo il potere dei Rothschild di aver stabilito il loro sistema bancario nel cuore della Repubblica americana, ci viene in mente il seguente versetto: Di quale carne si nutre il nostro Cesare per diventare così grande?

È la storia di questa "carne" che ho cercato di raccontare in questo libro e che forse farà luce sul mistero di come Wilson e Roosevelt siano stati in grado di imporre la loro volontà al popolo americano, mentre avevano ancora davanti a loro l'esempio sconvolgente del tradimento del presidente Woodrow Wilson.

La fonte di questo potere può essere una sola: gli agenti Rothschild in America che hanno attivamente voluto e cercato l'ingresso dell'America nella Seconda Guerra Mondiale. Il libro *Propaganda nella prossima guerra*, scritto dal capitano Liddell Hart, fa molta luce su come, per la seconda volta, il popolo americano sia stato trascinato in una guerra in Europa quando la stragrande maggioranza di esso era totalmente contrario, ma purtroppo il libro sembra non essere disponibile. L'autore Armstrong ha detto:

A quanto pare è un libro semi-ufficiale del governo britannico. La distruzione di queste copie del libro fu probabilmente ordinata dal Segretario alla Guerra, l'ebreo Hoar-Belisha...

La creazione di una patria ebraica non è stata un tema della guerra mondiale o del trattato di pace con la Germania.

Gli arabi erano nostri alleati e hanno combattuto fianco a fianco con i soldati alleati. Si trattò di una rapina indifendibile, compiuta a sangue freddo per volere dei "vecchi", Lloyd George, Woodrow Wilson e Georges Clemenceau (*Rothschild Money Trust*, pagine 65 e 79).

Quel che è peggio è che la creazione di questa "patria ebraica" è stata un tradimento a sangue freddo del governo e del popolo arabo. Gli arabi sostengono di essere stati indotti a entrare in guerra a fianco degli Alleati dalla promessa che la cosiddetta Dichiarazione Balfour sarebbe stata annullata e che gli arabi non sarebbero stati molestati nella proprietà e nel possesso pacifico del loro Paese.

Questo non è stato negato dal governo britannico, ma la scusa è che Woodrow Wilson ha insistito affinché gli ebrei ottenessero questo focolare nazionale e che Lloyd George ha accettato come manovra politica e per ottenere altre cose nel trattato di pace che voleva. La Palestina è oggi giustamente chiamata "due volte terra promessa". È probabile che anche la Germania l'abbia promesso in cambio dell'accordo con la Russia (*Rothschild Money Trust*, pagina 70).

Uno degli effetti collaterali meno notati della Prima guerra mondiale e del successivo trattato di pace fu la demonetizzazione dell'argento, che fin dall'antichità costituiva una parte importante dei sistemi monetari mondiali. L'argento è un metallo nobile, ma per i Rothschild non ha lo stesso valore dell'oro, anche se è sempre stato una buona difesa contro l'inflazione.

Né il denaro, né le monete d'oro, né gli script/certificati possono essere gonfiati. È molto probabile che i Rothschild abbiano fatto di tutto per demonetizzare il denaro e sbarazzarsi della moneta reale con valore intrinseco nei sistemi monetari mondiali. In questo libro non mi propongo di fare una storia della Banca d'Inghilterra, se non di farvi riferimento di tanto in tanto.

La Banca d'Inghilterra era ed è il modello per tutte le "banche a riserva frazionaria", compresa l'illecita Federal Reserve Bank degli Stati Uniti. Il suo statuto originale è stato modificato otto volte fino al 1844, e non c'è dubbio che i Rothschild abbiano avuto molto a che fare con le modifiche successive, in particolare con l'emendamento Peel, che ha apportato cambiamenti radicali che hanno favorito notevolmente le banche Rothschild.

L'Emendamento Peel fu approvato nel 1844 e il suo effetto immediato fu quello di demonetizzare il denaro, che in precedenza circolava come moneta in tutti i paesi, anzi in tutte le nazioni, da tempo immemorabile, come una vera moneta.

Questo perché i Rothschild volevano che i loro debiti di guerra fossero pagati in oro, cosa che divenne evidente quando rifiutarono di accettare il pagamento dei debiti della Guerra Civile in argento e chiesero che il governo degli Stati Uniti pagasse i debiti esclusivamente in oro. Non c'è dubbio che l'Emendamento Peel preveda queste cose e sia stato approvato proprio per gettare le basi di ciò che sarebbe accaduto in seguito. L'emendamento ha inoltre conferito agli inglesi il monopolio dell'oro, in quanto essi detenevano l'oro rubato ai boeri del Sudafrica nel 1899-1902.

Tra l'altro, era stato Peel a far passare alla Camera la legge sull'antisemitismo, che consentiva a un ebreo di candidarsi a una carica pubblica per la prima volta nella lunga storia dell'Inghilterra. Ma nel mezzo di una forte opposizione, Peel cadde da cavallo mentre cavalcava e morì per le ferite riportate. Era un cavaliere esperto, il che rende l'incidente ancora più strano. Disraeli rimase quindi il principale protagonista del progetto di legge. Il primo discorso di Disraeli alla Camera dei Comuni, il 7 dicembre 1847, in qualità di leader del partito, fu soffocato dagli avversari, guidati dal temuto irlandese Daniel O'Connell.

Gli autori della legge antisemita furono Sir Moses Montefiore, imparentato per matrimonio con i Rothschild e uno dei due sceriffi della City di Londra. Pur essendo ebreo, Montefiore poté ricoprire questa alta carica, poiché la Camera dei Lord non aveva giurisdizione o controllo sulla City di Londra.

Montefiore era venuto in Aula per ricevere il permesso di ascoltare il dibattito.

Il disegno di legge è stato presentato non direttamente, ma sotto il nome che gli è stato dato, un disegno di legge per eliminare le restrizioni a tutte le fedi, cosa che i Rothschild hanno sempre fatto, definendo tale approccio un "vento laterale".

In questo modo si poneva fine a una pratica di lunga data secondo la quale gli ebrei non potevano diventare magistrati, insegnanti o entrare in Parlamento; non potevano votare se si rifiutavano di prestare il giuramento cristiano e non potevano esercitare la professione di avvocato.

Lionel de Rothschild si era rifiutato di prestare il giuramento cristiano e, pur essendo stato eletto alla Camera dei Lord, non poté prendere posto a causa della sua ostinata opposizione al giuramento cristiano.

La "legge sugli ebrei", come la chiamavano i conservatori, non sarebbe stata abbandonata, nemmeno dopo undici anni di opposizione da parte di parlamentari come Lord Derby, Lord Bentinck e Sir Robert Inglis, che, alla domanda sul perché gli ebrei dovessero essere esclusi dal Parlamento, rispose:

> "Gli ebrei sono stranieri qui e non hanno alcuna pretesa di diventare cittadini, se non conformandosi alla nostra legge morale, che è il Vangelo".

I Tory della Camera dei Lord si opponevano fermamente al "Jew Bill", come lo chiamava Lord George Bentinck, e lo spiegava ogni volta che il disegno di legge veniva presentato per undici anni. Bisogna riconoscere la tenacia dei Rothschild: quando volevano qualcosa, se la tenevano stretta finché non la ottenevano. Come spiegò Lord Bentinck:

Considero la questione ebraica come una questione personale, come lo sarebbe una grande proprietà privata o una proposta di divorzio. Disraeli naturalmente sosterrà calorosamente gli ebrei, in primo luogo per una preposizione ereditaria a loro favore e in secondo luogo perché lui e i Rothschild sono grandi alleati. (Dal rapporto Hansard)

Bentinck fu poi trovato morto, apparentemente per un attacco di cuore all'età di quarantasei anni. Come la morte di Peel prima di lui, la morte di Bentinck lasciò molte domande senza risposta, le più rilevanti delle quali non sono mai state affrontate.

Il 20 febbraio 1849, la legge sull'eliminazione delle disabilità ebraiche fu nuovamente sottoposta a una terza lettura alla Camera sotto la guida di Disraeli. In tribuna sedeva Louise de Rothschild, che osservava il dibattito per conto di Lionel Rothschild. La misura è passata con un voto di 272 a 206, ma è stata respinta dai Lord.

L'anno successivo, il 29 luglio 1850, Lionel de Rothschild tentò nuovamente di prendere il suo posto, ma il cancelliere si rifiutò di lasciarglielo fare e iniziò un nuovo ciclo di attività frenetiche caratterizzate da aspri dibattiti.

Il *Times* ha definito questa misura come il "passatempo annuale" del Parlamento. Dopo essere stato bocciato nel 1849, 1851, 1853, 1856 e 1857, Disraeli tentò un nuovo approccio nel 1858 cambiando la formulazione del giuramento, ma i Lord lo respinsero nuovamente.

Disraeli si vendicò nominando una commissione per valutare le basi per il ripristino del nuovo giuramento e nominò Lionel de Rothschild nella commissione. Alla fine, tra scene ingloriose e l'opposizione di retroguardia di Lord Derby, con un'esigua maggioranza di voti favorevoli, fu raggiunto un compromesso: ogni Camera avrebbe formulato il proprio giuramento. Nella sontuosa casa di Lionel de Rothschild ci fu grande gioia per il fatto che gli "undici anni di urla e grida in ogni angolo della Casa" erano finalmente finiti.

Il 26 luglio 1858 Lionel de Rothschild prestò il nuovo giuramento non cristiano, stringendo la mano a Disraeli mentre si accingeva a farlo, in una dimostrazione pubblica della gratitudine che doveva al suo protetto, che aveva saggiamente e con grande lungimiranza convertito al cristianesimo in tenera età, forse in previsione dell'inestimabile servizio che aveva appena reso.

CAPITOLO 22

I Rothschild rompono la Casa dei Signori

L i sono aperte le cateratte. Lord Rothschild prese il suo posto, seguito in rapida successione da David Salomons, Sir Francis Goldsmith, Nathaniel de Rothschild, Frederick Goldsmid e Julian Goldsmid.

È interessante notare che nessuno di questi uomini rappresentava il partito di Disraeli, il partito conservatore unionista "Tory". Ma il principale oppositore, il conte Derby, che ora stava perdendo il sostegno del suo stesso partito, mise per iscritto le sue obiezioni:

> Senza mostrare slealtà o disaffezione nei confronti dei sudditi di Sua Maestà di fede ebraica, i Lord ritengono che la negazione e il rifiuto di quel Salvatore, nel cui nome ogni Camera del Parlamento offre quotidianamente le sue preghiere collettive per la benedizione divina sui suoi Consigli, costituisca un'inidoneità morale a partecipare alla legislazione di una comunità che professa la fede cristiana. (Rapporto Hansard)

I risultati più visibili del Jewish Removal of Restrictions Act furono quelli di consentire ai Rothschild e ad altri importanti ebrei l'accesso alla Camera dei Lord e di abolire il tanto odiato giuramento cristiano. Con l'altro cambiamento, l'emendamento Peel alla Banca d'Inghilterra, la gente comune, come al solito , non aveva idea di come fosse stata ingannata e di cosa avrebbe perso. I malfattori lavorarono così abilmente che, mentre le vittime se ne andavano in giro con gli occhi spalancati, senza capire cosa stessero vedendo, i Rothschild consolidarono il loro controllo sui sistemi monetari mondiali.

Naturalmente, l'inganno viene praticato ancora oggi, quando le monete statunitensi vengono fatte sembrare d'argento, mentre non ne contengono affatto. La moneta statunitense potrebbe essere facilmente fatta di plastica, ma non lo sarebbe, perché allora le moltitudini potrebbero rendersi conto dell'inganno dopo tutti questi anni! Persino l'*Enciclopedia Britannica ha* cercato di nascondere l'inganno dell'Emendamento Peel:

> Era essenziale, nel tentativo di ovviare ai difetti insiti nella nostra moneta, procedere con cautela, rispettare, per quanto possibile, gli interessi esistenti ed evitare di prendere misure che potessero suscitare timori o sospetti nell'opinione pubblica; ma le misure ... sono stati così abilmente concepiti da suscitare poca opposizione, pur apportando cambiamenti molto importanti e benefici... sono stati così abilmente concepiti da suscitare poca opposizione, pur apportando cambiamenti molto importanti e benefici. (*Enciclopedia Britannica* Vol. III, pag. 323)

Ad esempio: a quali "difetti" si riferiva?

Il "difetto" principale era che, fino ad ora, non era facile fare la guerra, perché non c'erano mai abbastanza soldi per queste guerre e i soldi dovevano essere trovati aumentando le tasse. Ciò significava che a un certo punto anche le moltitudini addormentate si sarebbero infuriate e rivoltate contro le pesanti tasse.

L'altro "difetto" era che la cartamoneta doveva essere sostenuta da lingotti e ciò che era auspicabile era la piena pratica del vecchio sistema babilonese delle banche a riserva frazionaria, che in parole povere significava che le banche potevano emettere una certa quantità di cartamoneta non sostenuta da beni reali come argento e oro. Senza questi cambiamenti e senza l'ondata di carta moneta che seguì l'Emendamento Peel e l'istituzione delle Federal Reserve Banks in America, non sarebbe stato possibile finanziare e promuovere la Prima e la Seconda Guerra Mondiale. Semplicemente non c'erano soldi veri per guerre così costose e il popolo non sarebbe stato disposto a pagare tasse aggiuntive per finanziare tali disavventure.

Infatti, non ci sarebbero state la Guerra del Golfo, l'invasione dell'Iraq nel 2002, il bombardamento della Serbia e la guerra in Afghanistan, se non ci fosse stata un'abbondante disponibilità di cartamoneta senza valore, i cosiddetti dollari USA. Accettati come tali in tutto il mondo, sono in realtà pezzi di carta emessi da un sistema bancario privato, che non possono essere scambiati con oro o argento.

Perché, secondo le parole dell'*Enciclopedia Britannica,* era necessario "procedere con cautela"? Se si trattava di un'esigenza onesta, perché sarebbe stato necessario procedere con cautela? Ma l'enciclopedia si lascia sfuggire il brutto gioco dell'inganno con le parole "che potrebbero suscitare timori e sospetti nel pubblico".

Per sua stessa ammissione, ora apprendiamo che la cautela era necessaria perché si trattava di un inganno di base nei confronti del pubblico e che l'inganno doveva essere "abilmente progettato per provocare poca opposizione".

È un'ammissione di inganno e di vera e propria frode ai danni del popolo. Gli autori sapevano bene che il popolo si sarebbe ribellato se ne avesse sentito parlare, quindi l'Emendamento Peel dovette essere mascherato da "cambiamenti altamente benefici".

Chi sono i beneficiari di questi "cambiamenti altamente benefici"? Solo una parte ne ha beneficiato: la dinastia Rothschild e le sue banche mondiali.

Se ciò non fosse vero, i "cambiamenti altamente benefici" sarebbero stati gridati dai tetti di Londra e di tutte le città del mondo. Ma i "cambiamenti altamente vantaggiosi" erano a beneficio dell'impero bancario Rothschild e non dei popoli delle molte nazioni interessate.

Sebbene Sir Robert Peel abbia introdotto l'emendamento allo statuto della banca, il suo autore fu in realtà Lionel Rothschild attraverso il suo "valletto", Benjamin Disraeli, che egli aveva creato e reso famoso come Primo Ministro d'Inghilterra, nello stesso modo in cui i Rothschild avevano creato e reso famoso Napoleone Ier. L'influenza di Lionel Rothschild sulla Banca d'Inghilterra non si è mai esaurita da quando, come spiegato in precedenza, ha spaventato la banca affinché gli desse il controllo de facto sulle sue riserve auree, chiedendo che la sua carta venisse scambiata con l'oro.

Vale la pena di ricordare che il 4 agosto 1847, quando l'eleggibilità di Disraeli per un seggio in Parlamento era di carta, perché non poteva rivendicare la proprietà per paura dei suoi numerosi creditori, e la proprietà era un requisito necessario, fu il barone Mayer de Rothschild, l'alto sceriffo della contea in cui si trovava la città di Aylesbury, a certificare che Disraeli era un candidato qualificato e a dichiararlo regolarmente eletto, dopo che un altro candidato, John Gibbs, era stato convinto a ritirarsi dalle elezioni.

Ma il pubblico non ha preso bene il risultato. Percependo Disraeli come un intruso, fu accolto con fischi e fischi. Vale anche la pena di ricordare che, mentre Disraeli si trovava in condizioni finanziarie molto difficili che avrebbero potuto e dovuto compromettere seriamente la sua carriera in Parlamento, fu Lionel de Rothschild a rilevare i suoi debiti e ad estinguerli. La vicenda è citata in *Disraeli* di Weintraub, pagina 401:

> Attraverso Philip Rose e Lionel de Rothschild, Montague estingue tutti i debiti. Il citato Montague avrebbe "offerto di acquistare i debiti di Disraeli e di applicare un tasso di interesse inferiore a quello usurario". I critici hanno suggerito che il vero "acquirente" dei debiti di Disraeli fosse in realtà Lionel Rothschild.

> Un altro fatto incontestabile è che nel settembre 1848 i Rothschild contribuirono all'acquisto di Hughendon, la casa di campagna di Disraeli, attraverso un prestanome, il marchese di Titchfield. Come scrisse Disraeli alla moglie Mary Anne, "Tutto è fatto; tu sei la Signora di Hughendon".

Cito questi fatti perché sembrano confermare l'affermazione che Disraeli fosse "un semplice valletto dei Rothschild".

Uno studio dei metodi usati dai Rothschild per fermare l'inganno dell'Emendamento Peel mostra che essi hanno usato esattamente lo stesso metodo per fermare la truffa delle banche della Federal Reserve ai danni del popolo americano. In entrambi i casi, l'autore e il beneficiario del complotto avevano la stessa origine: la dinastia Rothschild.

Il disastro del 1840 fu inscenato e gestito dai Rothschild per preparare il terreno all'emendamento cruciale del 1844 che sarebbe stato così vantaggioso per loro, in quanto poneva fine all'influenza restrittiva della moneta d'argento e dei certificati d'argento.

I Rothschild hanno inscenato il panico del 1907 che ha spianato la strada alla versione statunitense dell'Emendamento Peel, l'ingannevole e del tutto incostituzionale Federal Reserve Banks, la cui proposta di legge è stata portata avanti al Senato dai loro numerosi agenti in loco, tra cui il senatore William Aldrich. L'Emendamento Peel e il Federal Reserve Act sono gemelli dello stesso genitore, i Rothschild, che hanno usato i loro prestanome e tirapiedi per nascondere i veri autori di queste infami misure di inganno fiscale e monetario.

Come hanno fatto i Rothschild a ottenere il doppio successo che ha messo il giogo della schiavitù attorno al collo della gente comune? Lo hanno fatto possedendo e controllando i leader di entrambi i partiti politici del Parlamento britannico e i leader politici di entrambi i partiti della Camera dei Rappresentanti e del Senato degli Stati Uniti. Da allora, nulla è cambiato.

Lo status quo rimane in vigore. Queste due misure conferiscono ai Rothschild il controllo totale delle politiche monetarie e fiscali dell'Impero britannico e il controllo totale delle politiche monetarie e fiscali degli Stati Uniti, moltiplicando così non solo la ricchezza dei Rothschild, ma anche il loro potere di dettare le politiche ai governi britannico e americano, rendendoli "signori e padroni indiscussi dei mercati monetari del mondo".

Disraeli non disse che i Rothschild avevano raggiunto il completo controllo della politica estera e interna dei governi del mondo, ma non c'era bisogno di affermarlo, dato che divenne evidente alla Conferenza di pace di Parigi.

Su istruzioni dei loro padroni Rothschild, il Presidente Wilson e il Primo Ministro George organizzarono due comitati chiamati "Comitato finanziario" e "Sezione economica". Gli agenti di Rothschild Baruch e Thomas Lamont, partner di J. P. Morgan and Co. sono stati nominati membri del Comitato finanziario.

Il risultato finale delle deliberazioni e delle decisioni dei due comitati rese quasi impossibile per la Gran Bretagna e la Francia pagare i loro debiti di guerra agli Stati Uniti, molto probabilmente con l'intenzione di "cancellarli", cosa che avvenne, nel più palese abuso della Costituzione americana.

La Costituzione degli Stati Uniti non prevedeva e non prevede prestiti e doni a potenze straniere, né tanto meno la cancellazione dei debiti. Ma per i Rothschild era solo un altro ostacolo da superare e gli Stati Uniti cancellarono miliardi di dollari di debiti degli Alleati.

L'intenzione era molto chiara: i debiti verso i Rothschild sarebbero stati ripagati e questa era la linea di fondo generalmente accettata dai governi occidentali. Purtroppo, gli agenti dei Rothschild nel governo degli Stati Uniti hanno seguito il piano che ha derubato il popolo americano di miliardi e miliardi di dollari e ha arricchito i Rothschild con somme simili, il tutto nella più palese violazione della più alta legge degli Stati Uniti, la Costituzione.

Il palese disprezzo per la Costituzione ha portato al rafforzamento del socialismo internazionale che ha portato povertà e sofferenza, con rivoluzioni che hanno portato all'ascesa del comunismo.

Chi era questo Disraeli, un uomo che ha avuto un effetto così profondo sulla storia inglese? Come ha raggiunto la sua posizione di potere?

Benjamin Disraeli (1804-1881), che alla fine della sua vita ricevette il titolo di Lord Beaconsfield, fu la prima persona di origine ebraica a diventare Primo Ministro d'Inghilterra.

Uno studio dei documenti del British Museum dimostra che Disraeli dovette la sua ascesa alla fama e al potere unicamente a Lionel Rothschild. Quando fu scoperto da Lionel, Disraeli si trovava in uno stato di disperata povertà, ma riuscì comunque a salire al potere e alla fama perché Lionel Rothschild lo trovò un utile servitore.

Bismarck, un'altra delle "creazioni" di Rothschild, sostenne che Disraeli era dietro il piano di far cadere gli Stati Uniti attraverso una guerra civile.

La guerra civile americana fu il più insensato fratricidio della storia del mondo e costò la vita a quasi 800.000 uomini. Fu una guerra che non sarebbe mai dovuta accadere e che non sarebbe mai accaduta senza la "mano nascosta" dei Rothschild e del loro agente, Disraeli, sulla cui anima deve riposare per sempre il sangue dei morti della Guerra Civile.

> Lionel Rothschild divenne il mentore e la guida di Benjamin. Fin dagli anni della formazione del giovane Disraeli, Lionel prese il comando e guidò il suo protetto da un successo all'altro.

> Disraeli era per Lionel quello che Weishaupt era per Amschel; Gambetta per James Rothschild III, quello che Poincaré era per Alphonse Rothschild IV e Édouard Rothschild V, o come Kerenskij (Kirbis) era per E. Rothschild V... Disraeli fu il cavallo di Troia infilato nelle classi alte della Gran Bretagna, aprendo la strada all'infiltrazione di una ventina di ebrei come futuri Lord e Ministri. Ora la governano completamente. (*Impediamo la seconda guerra mondiale*. Conte Cherep-Spiridovich)

Secondo Buckle, *Life and Death of Disraeli*,

> "Nessuna carriera nella storia inglese è più meravigliosa di quella di Disraeli, e nessuna è stata finora circondata da maggiore mistero".

Ma per Thomas Carlyle, il grande saggista e storico inglese, Disraeli era un "avventuriero e un superbo prestigiatore ebraico". Carlyle ha scritto un'opera notevole sulla Rivoluzione francese e le sue acclamate lezioni sugli eroi lo rendono un giudice migliore di *Disraeli* rispetto alla *Storia della civiltà in Inghilterra* di Buckle. Anche il professor William Langer fa un lavoro più realistico nel valutare il valore di Disraeli, ma nessuno di questi storici dice nulla sul suo mentore e controllore, Lionel Rothschild. Cherep-Spiridovich è il meno caritatevole di tutti nei confronti di Disraeli:

> La politica di Disraeli consisteva principalmente nel suo odio

per la Russia... Preso per mano da Lionel, Disraeli assumeva ora un disprezzo trionfante, degno di un Mefistofele. Essendo pallidissimo, con occhi lampeggianti e capelli neri, adottò un cappotto di velluto nero foderato di raso bianco, guanti bianchi, frange pendenti di seta nera, un bastone d'avorio bianco con nappe nere.

Tutto questo è stato diabolicamente combinato per fare maggiore impressione sulle influenti signore anziane. E grazie a loro, Benjamin apprese a Londra tutti i segreti necessari al suo mecenate, Lionel, con il cui denaro Disraeli ebbe accesso alle sfere più alte.

Sarah Bradford, nel suo libro *Disraeli*, afferma alle pagine 60 e 186 che Disraeli aveva "forti sentimenti sionisti, che esprimeva in privato". Bradford cita diversi altri elementi significativi relativi alla sponsorizzazione di Disraeli da parte dei Rothschild:

conoscevano la moglie Mary Anne prima del matrimonio, raccontando come le signore Rothschild siano diventate sempre più intime con lei. (Pagina 187)

Disraeli veniva spesso ricevuto a casa di Anthony de Rothschild ed era "considerato parte della famiglia". (Pagina 386)

Weintraub, l'autore di *Disraeli*, racconta di quanto Lionel fosse vicino a Disraeli (pagina 243) e di come egli stesso "considerasse Lionel il suo migliore amico". "Lo vedeva più di chiunque altro a Londra e non aveva mai bisogno di un invito a cena. Dopo la morte della moglie Mary Anne, Disraeli visse praticamente in casa di Lionel (pagg. 243 e 611) Anthony de Rothschild era il miglior e più gentile padrone di casa del mondo (pag. 651)

Weintraub ricorda che Alfred de Rothschild fu estremamente generoso con Disraeli. Non c'è dubbio che Disraeli e i Rothschild avessero un'amicizia straordinariamente stretta, che andava ben oltre ciò che si poteva intendere in senso normale.

CAPITOLO 23

Il surrogato di Rothschild ha finanziato l'attacco alla Russia

All'inizio di questo libro ho indicato che avrei spiegato in dettaglio il coinvolgimento dei Rothschild nella guerra tra il Giappone e la Russia nel 1904-5. All'epoca, il governo giapponese pensava di ricevere un aiuto da Jacob Schiff, che lavorava dietro le quinte per fomentare le tensioni tra Russia e Giappone, ma cosa c'era davvero dietro il prestito concesso da Schiff ai giapponesi?

I Rothschild avevano bisogno del Giappone per destabilizzare la Russia. Il loro odio per la famiglia Romanov era sconfinato. L'attacco della flotta giapponese a Port Arthur pose le basi per la rivoluzione bolscevica che sarebbe seguita a tempo debito. Come disse una volta Lionel Rothschild,

> "Non c'era amicizia tra la Corte di San Pietroburgo e la mia famiglia.

La guerra russo-giapponese iniziò l'8 febbraio 1904. I comunisti hanno esultato, vedendo nell'attacco un'occasione per sferrare un colpo al governo. Giornali russi come *Novoye Vremyo* accusarono gli ebrei sionisti di aiutare segretamente il Giappone. Avevano ragione, perché Jacob Schiff è stato determinante nel concedere diversi prestiti al Giappone.

Schiff era imparentato con i Rothschild per nascita, avvenuta a Francoforte il 10 gennaio 1847. Suo padre era noto ai Rothschild. Una volta raggiunta l'età adulta, Jacob divenne un broker per la banca Rothschild a Francoforte. Nel 1865, i Rothschild lo inviarono a New York per stabilire un rapporto con lo studio

Frank e Gans . Sotto le istruzioni dei Rothschild, nel 1867 fondò la propria società di brokeraggio Budge, Schiff and Co. La collaborazione durò circa sei anni e fu sciolta nel 1873, quando Schiff partì per l'Europa.

Dopo aver visitato le aziende bancarie tedesche nel 1873, tornò negli Stati Uniti nel 1875 e divenne membro dello studio bancario Kuhn, Loeb and Co. un noto "fronte" per gli interessi bancari dei Rothschild in America. Schiff odiava la Russia e vedeva in una guerra russo-giapponese un'opportunità per colpire gli zar e possibilmente porre fine al loro dominio sulla Russia.

Su suo esplicito ordine, Kuhn, Loeb and Co. emise i tre principali titoli di guerra giapponesi nel 1904 e 1905. Per riconoscenza, gli è stato conferito il Secondo Ordine del Sacro Tesoro del Giappone. Dopo la sconfitta decisiva della flotta russa a Port Arthur, si crearono le premesse per i gravi disordini che sarebbero seguiti in Russia:

- ➢ 28 luglio 1904: assassinio di Viacheslav von Plehve, Ministro degli Interni competente.
- ➢ Il 22 agosto 1904 scoppiarono rivolte ebraiche a Kiev, Rovno e Volhnia, che continuarono fino a ottobre.
- ➢ 22 gennaio 1905 Domenica di sangue guidata da "Padre" Giorgi Gapon, agente dei Rothschild.
- ➢ 2-30 ottobre 1905 Sciopero generale a cui aderisce tutto il paese
- ➢ 22 dicembre-1er gennaio 1905-06 Insurrezione operaia a Mosca
- ➢ 2 maggio 1906 La destituzione del conte Witte, riconosciuta dagli storici come l'inizio della fine del regno dei Romanov

L'omicidio di von Plehve fu predetto in una poesia ebraica che circolava nel febbraio 1904, indirizzata ad "Haman". Facilmente identificabile come il Ministro degli Interni, affermava che il "nuovo Haman" sarebbe morto presto. La mattina del 28 luglio 1904, un terrorista di nome Sazonov lanciò una bomba contro von Plehve mentre si trovava nella piazza antistante il deposito di Varsavia a San Pietroburgo.

Poco prima dello scoppio della rivoluzione bolscevica, Schiff diede 20 milioni di dollari a Lenin per servire la causa bolscevica.

Non c'è da stupirsi che Papa Leone XIII abbia scritto nella sua lettera apostolica del 19 marzo 1902, *Raggiunto il venticinquesimo anno*:

> Includendo la maggior parte delle nazioni nel suo immenso dominio, si unisce ad altre sette di cui nasconde la vera ispirazione e le forze motrici. Prima attrae e poi trattiene i suoi associati grazie al richiamo dei benefici materiali che assicura loro. Piega i governi alla sua volontà, a volte con promesse, a volte con minacce. È penetrato in tutte le classi sociali e forma un potere invisibile e non rendicontabile, un governo indipendente, come se fosse parte del corpo sociale dello Stato legale.

E il dottor Gérard Encausse, nel numero di aprile 1914 di *Mysteria*, afferma:

> Accanto alla politica internazionale di ogni Stato, esistono alcune oscure organizzazioni di politica internazionale ... Gli uomini che partecipano a questi consigli non sono politici di professione o ambasciatori brillantemente vestiti, ma alcuni uomini sconosciuti, grandi finanzieri, che sono superiori ai vani politici effimeri che immaginano di governare il mondo.

Prima di essere consegnato ai cospiratori, Winston Churchill commentò gli eventi in Russia:

> Gli spiriti dominanti di una temibile setta, la più temibile del mondo, e con questi spiriti intorno a lui, si mise all'opera con abilità demoniaca per fare a pezzi tutte le istituzioni da cui dipendeva lo Stato russo. La Russia è stata abbattuta. La Russia doveva essere abbattuta. Ora giace nella polvere.

Churchill si riferiva alla furia diabolica di Lenin e Trotsky, al terrore e alla distruzione che hanno portato alla Russia cristiana. (*Discorso alla Camera dei Comuni*, 5 novembre 1919)

Lenin era solo un altro servo dei Rothschild inviato a eseguire i loro ordini. Il loro odio per i Romanov non conosceva limiti.

A far infuriare i Rothschild fu il tentativo dello zar di formare un Sacro Impero che riconoscesse Cristo come sovrano. Ci sono diverse fonti che confermano questo antagonismo: La maledizione dei Romanov dell'autore ebreo A. Rappaport, il resoconto dei Romanov e il libro dei Romanov. *La maledizione dei Romanov di* Rappaport, il resoconto del professor William Langer, *I frutti perduti di Waterloo* di John Spencer Bassett e i documenti delle carte private di Lord Milner.

La Santa Alleanza era vista come una Lega cristiana delle Nazioni, dell'Austria, della Prussia e della Russia, con la speranza che la Gran Bretagna e la Francia e tutte le nazioni d'Europa vi aderissero. Le nazioni dovevano giurare fedeltà alla

> "l'unico e vero sovrano, al quale solo appartiene ogni potere per diritto divino, cioè Dio, il nostro Divino Salvatore, Gesù Cristo".

La figura di spicco di questa auspicata alleanza fu lo zar Alessandro Ier , che fece di tutto per trasformarla in realtà. I Rothschild hanno immediatamente espresso la loro opposizione all'alleanza.

Il professor Langer lo definisce come segue, che a mio avviso è un resoconto parziale:

> Il 26 settembre 1815, la Santa Alleanza, un documento redatto dallo zar Alessandro Ier , firmato dall'imperatore Francesco Ier e da Federico Guglielmo III e infine da tutti i regnanti europei tranne il Principe Reggente di Gran Bretagna, il Papa e il Sultano di Turchia. Si trattava di una dichiarazione innocua di principi cristiani, che dovevano guidare i governanti nei loro rapporti con i sudditi e tra di loro.

> Questi principi vaghi e ineccepibili furono probabilmente concepiti dallo zar come una semplice prefazione a una forma di organizzazione internazionale sulla falsariga delle raccomandazioni dell'Abbé de Saint-Pierre di un secolo prima.

> L'importanza del documento non risiede nei suoi termini, ma nella sua successiva confusione nell'opinione pubblica con la Quadruplice Alleanza e, più in particolare, con la politica reazionaria delle tre potenze orientali, che si vedevano legate da un patto contro le libertà del popolo, mascherato da religione.

In primo luogo, non era "camuffata da religione". Questa era l'interpretazione dei Rothschild, che fecero di tutto per impedire alla Gran Bretagna di firmare il documento.

In Francia, i Rothschild furono determinanti nell'ottenere la "separazione tra Chiesa e Stato" per contribuire a sciogliere la Santa Alleanza. Il libro di Rappaport spiega:

> Il ripristino della pace in Europa diede allo zar Alessandro Ier grande soddisfazione. Alessandro rivolse la sua attenzione all'irreligiosità delle nazioni come fonte dei mali. Egli concepì l'idea di ravvivare il fervore religioso tra il popolo e di ristabilire così un regime patriarcale, la purezza della vita familiare, l'obbedienza alla legge e all'autorità. Ma i governanti devono dare l'esempio e fungere da modello per i loro sudditi.
>
> I governanti d'Europa devono svolgere i loro compiti di governanti di imperi e regni nello spirito del fondatore del cristianesimo, che deve essere il legame tra i governanti e i loro popoli e tra di loro.

(La *maledizione dei Romanov*, pagina 336)

A quanto pare, la Santa Alleanza era in contrasto con i piani dei Rothschild, se si tiene conto degli scritti del conte Cherep-Spiridovich, il quale ritiene che da quel momento, nel 1815, i Rothschild abbiano segnato il destino della Russia e della famiglia Romanov. Il cardinale Manning ha dichiarato:

> È stata costituita un'associazione con l'esplicito scopo di sradicare tutte le religioni dalle nazioni e di rovesciare tutti i governi in Europa.

Il cardinale pensava che la prima vittima fosse la Francia nella Rivoluzione francese e che la Russia fosse la sua seconda vittima. È provato che Disraeli non disse la verità sulla Russia. Furono i Rothschild a fomentare la rivoluzione bolscevica e a finanziarla attraverso le loro banche di New York, Jacob Schiff e J. P. Morgan, e a Londra attraverso Lord Alfred Milner. È un fatto che Schiff abbia dato a Trotsky 20 milioni di dollari per facilitare il suo compito di rovesciare la Russia cristiana.

La storia dei Rothschild dimostra che non hanno esitato a

spendere parte della loro immensa fortuna per raggiungere obiettivi politici. Così facendo, hanno ottenuto un successo sorprendente.

Il fatto che i Rothschild detengano ed esercitino un potere sorprendente su nazioni e governi è dimostrato dai seguenti fatti:

Il Kaiser dovette consultare i Rothschild per sapere se poteva dichiarare guerra. Un altro Rothschild ha sopportato il peso del conflitto che ha rovesciato Napoleone (*The Patriot*, Dr. Stuart Holden, 11 giugno 1925)

La rivolta in Georgia (Caucaso) è stata inscenata dai Rothschild (*Humanité*, settembre 1924, rivista ebraica)

I Rothschild possono iniziare o prevenire le guerre. La loro parola può creare o distruggere gli imperi. (*Chicago Evening newspaper*, 3 dicembre 1923)

Alphonse Rothschild accetta di pagare tutti gli indennizzi della Francia alla Germania, se la Francia lo eleggerà re (Diario di un ufficiale dell'esercito del conte di Hemson)

Nell'ultima decisiva riunione del Gabinetto britannico, il 3 luglio 1914, Lloyd George invitò Lord Rothschild a partecipare al dibattito. Il Primo Ministro aveva fatto il suo gioco malvagio per conto dei Rothschild, di cui era sempre stato e rimaneva un mero strumento. Se l'Inghilterra avesse dichiarato onestamente che sarebbe stata al fianco della Russia e della Francia, non ci sarebbe stata nessuna guerra, perché il Kaiser non l'avrebbe mai permessa, nonostante i dieci ebrei che lo circondavano da vicino: Bethman-Hollwig-Rothschild, Rathenau, Ballin e Dembury (*storia sconosciuta*, Conte Cherep-Spiridovich)

I Rothschild sono stati la colonna portante di ogni evento politico e finanziario dal 1770. Il loro nome dovrebbe essere citato in ogni pagina della storia di ogni Paese. Gli autori, gli insegnanti, i conferenzieri e i politici che non li menzionano devono essere considerati dei falsi, degli ipocriti o degli ignoranti criminali. (*Storia non rivelata*, Conte Cherep-Spiridovich)

La maggior parte degli archivi contenenti informazioni sui Rothschild furono deliberatamente bruciati a Parigi durante la Comune del 1871, di cui Rothschild era il principale finanziatore. (*La Libre Parole*, 27 maggio 1905)

Nel febbraio 1817, i massoni, Bublikoff e altri, tutti scagnozzi dei Rothschild, si recarono in Russia e bloccarono i treni veloci diretti a Pietrogrado, allo scopo di provocare una rivolta del popolo. (*Storia non raccontata*, Conte Cherep-Spiridovich)

Il 15 febbraio 1911, Schiff and Co. sollecitò il Presidente Taft a non rinnovare il trattato commerciale con la Russia del 1832. Al suo rifiuto, Schiff si è rifiutato di stringergli la mano, dicendo che "significa guerra". Seguirono gli omicidi di Luschinsky e del primo ministro Stolypin e la guerra mondiale. (*Verso le catastrofi; pericoli e rimedi*, Conte Cherep-Spiridovich)

I Rothschild hanno frequentato re, principi e potentati, accumulato enormi fortune e titoli, signori e baroni, "Sir" e "Lady" e ricevuto innumerevoli onorificenze. Volevano dimenticare le loro origini e il loro fondatore che aveva reso tutto possibile appropriandosi indebitamente della "manna" che gli era stata affidata dal Langravio d'Assia-Cassel.

> ➤ Mayer Amschel   1743-1812
>
> ➤ Anselm Mayer   1773 - 1855
>
> ➤ Salomon   1774 - 1855
>
> ➤ Nathan   1777 - 1836
>
> ➤ Karl   1788 - 1855
>
> ➤ Jacob James   1792 - 1868

CAPITOLO 24

Alcune opinioni sui Rothschild, il loro ruolo nella guerra, nella rivoluzione e negli intrighi finanziari

Il suo capitolo è costituito da opinioni e punti di vista di vari autori e autorità che non possono essere convenientemente inclusi nel corpo del libro, poiché sono in qualche modo scollegati.

Tuttavia, a mio avviso, sono importanti perché forniscono una base per gli scritti di storici e studiosi che sono stati quasi fermamente uniti nella convinzione che i Rothschild siano stati una delle maggiori forze in gioco nei secoli 18 e 19 e, con ogni probabilità, lo sono ancora di più oggi.

> La Prima Guerra Mondiale fruttò a Edward Rothschild oltre 100 miliardi di dollari. (Conte Cherep-Spiridovich)

> Questa potente rivoluzione che sta avendo luogo in Germania, e di cui si sa ancora così poco, si sta sviluppando interamente sotto gli auspici degli ebrei, che monopolizzano quasi tutte le cattedre professionali in Germania" (*Coningsby*, Disraeli, pagina 250, scrivendo sugli eventi del 1844-1848).

> Gli storici concordano sul fatto che si riferisse ai Rothschild. Praticamente tutte le guerre e le rivoluzioni successive furono finanziate dai Rothschild (Disraeli in *Coningsby*, pagg. 218-219).

> La Società delle Nazioni è un'idea ebraica. L'abbiamo creata dopo una lotta di 25 anni (Nathan Sokolow, leader sionisti al Congresso di Carlsbad, 27 agosto 1932).

> La Società delle Nazioni è gestita interamente da ebrei: Paul

Hymans, Sir Eric Drummond, Paul Mantaux, il maggiore Abraham, la signora N. Spiller, il "valletto" ebreo Albert Thomas, che ha contribuito con milioni di francesi a intronizzare i bolscevichi in Russia, è "capo della sezione lavoro". Riceve uno stipendio favoloso. (*Le Péril Juif La legge d'Israele chez les Anglo Saxons*, B. Grasset, Peres, Francia)

Anche in questo caso, sembra che si riferisca ai Rothschild e mi prendo la briga di sottolineare che nella maggior parte dei casi "ebrei" può essere sostituito da "Rothschild".

Il movimento moderno di rivoluzione sociale può essere fatto risalire alla metà del XVIII secolo . Da allora si è assistito a un flusso continuo di agitazione sovversiva, che ha assunto molte forme, ma essenzialmente la stessa, allargandosi e approfondendosi in una vera e propria alluvione, che ha sommerso la Russia e minaccia di inghiottire la nostra civiltà. (*La rivolta contro la civiltà*, Lothrop Stoddard)

I grandi movimenti rivoluzionari iniziarono alla metà e alla fine del 18 secolo, quando nel 1770 Amschel Rothschild divenne amministratore del Langravio d'Assia-Cassel. Amschel assunse tutti i Miliukov, i Kerensky, i Lenin e altri del 18 secolo per iniziare la loro agitazione sovversiva, proprio come E. Rothschild assunse quelli del 20 secolo (Conte Cherep-Spiridovich).

Fatti di importanza mondiale sono noti a troppo pochi uomini, e abbiamo bisogno di più fatti. L'umanità non può trovare la luce se non ha fatti. (Editore del *Chicago Daily News*)

Cos'è questa formidabile setta di cui parlavano l'Abbé Barruel nel XVIII secolo e Churchill nel XX secolo ? La risposta potrebbe risiedere nel potere del cristianesimo e della civiltà basata sul cristianesimo. Era una potenza esterna alla Russia; era una potenza mondiale ed era abbastanza forte da far cadere la Russia e anche la Casa di Hohenzollern. (*Causa dei disordini mondiali*, Nesta Webster, pag. 35)

Lloyd George disse di non credere che nessun uomo di Stato o leader avesse causato la guerra. Potrebbe passare un secolo prima che il mondo conosca tutta la verità. (Senatore Copeland, verbale del Congresso)

La Casa Rothschild e alcuni correligionari cospirano per possedere il mondo (*The Secret of the Rothschilds*, Mrs Mary Hobart)

Il Kaiser dovette consultarsi con i Rothschild per decidere se dichiarare guerra. Un altro Rothschild subì il peso del conflitto che rovesciò Napoleone (*New York Times*, 22 luglio 1924).

Negli archivi imperiali di Berlino è stata rinvenuta una lettera di Rothschild a Guglielmo II che chiedeva la guerra (*La verità sugli ebrei*, Walter Hurt, pagina 324).

Per il pubblico, gli archivi di famiglia (i Rothschild) che potrebbero fare tanta luce sulla storia sono un segreto profondo, un libro sigillato tenuto nascosto (*The Rothschilds, Financial Rulers of the World*, John Reeves, pagina 59).

Bismarck, Beaconsfield (Disraeli), la Repubblica francese, Gambetta, ecc. sembrano formare una forza insormontabile. Un mero miraggio. È l'ebreo, solo con la sua banca, a essere il loro padrone e a governare tutta l'Europa. L'ebreo preferirà il VETO e improvvisamente Bismarck cadrà... Per i Rothschild, nulla poteva accadere in modo più propizio dello scoppio della Rivolta Americana e della Rivoluzione Francese, poiché entrambe hanno gettato le basi per l'immensa ricchezza che hanno acquisito da allora. (*The Rothschild Financial Rulers of the World*, John Reeves, pag. 86)

La signora Nesta Webster non può sfuggire alla conclusione che sono i finanzieri internazionali a fornire il denaro (per le rivoluzioni e le guerre). Sono piuttosto i finanzieri ebrei a fornire i fondi; sono gli ebrei che sono stati gli agenti-provocatori delle rivoluzioni delle rivoluzioni per duemila anni. Sono gli ebrei a costituire il consiglio interno segreto dei cinque principali movimenti orribili organizzati in azione con i quali il governo organizzato deve fare i conti" (*The New York Times*, 8 marzo 1925).

In tutta la storia, nessuno ha suscitato emozioni così opposte e intense, né ha raccolto tanta ammirazione, paura e odio da parte dell'umanità. (*Napoleone*, Hebert Fisher)

Un uomo, Napoleone, nato senza alcun vantaggio di ricchezza o di discendenza, si rese padrone del mondo prima dei 35 anni e conclude la sua carriera di impareggiabile impossibilità romantica all'età di 46 anni (*Quanto era grande Napoleone?* Sydney Dark).

In conclusione, è sorprendente che la stessa élite di leader mondiali che ha il potere di scatenare guerre per il proprio tornaconto sia anche in grado di abbattere e relegare nell'oscurità i leader nazionali, un tempo importanti, che si oppongono ai loro grandi disegni, in particolare ai loro piani per stabilire un Nuovo Ordine Mondiale all'interno di una struttura mondiale dittatoriale. A meno che non si riesca ad opporsi a questi piani con un contrattacco, entro il 2025 il mondo potrebbe essere immerso nelle tenebre di una brutale dittatura.

Già pubblicato

189 |

Milton Keynes UK
Ingram Content Group UK Ltd.
UKHW020826050923
428087UK00016B/1161